MINISTÈRE
DE L'INJUSTICE

DES MÊMES AUTEURS

Jean-Michel Décugis, Pauline Guéna et Marc Leplongeon, LA POUDRIÈRE, Grasset, 2020.

Jean-Michel Décugis, Pauline Guéna et Marc Leplongeon, MIMI, Grasset, 2018.

Jean-Michel Décugis et Marc Leplongeon, LE CHAUDRON FRANÇAIS, Grasset, 2017.

JEAN-MICHEL DÉCUGIS
PAULINE GUÉNA
MARC LEPLONGEON

MINISTÈRE DE L'INJUSTICE

Une enquête dans les coulisses, des ors de la place Vendôme aux tribunaux à bout de souffle

BERNARD GRASSET
PARIS

ISBN : 978-2-246-82750-4

Des acteurs, des figurants, un public… la justice est un spectacle. Il s'y joue des drames autant que des comédies. On y découvre des personnages plus ou moins à l'aise dans leur rôle, des spectateurs qui se croient procureurs, des magistrats qui ont perdu le sens de l'intérêt général, des avocats bouffis d'orgueil ou qui ont tout oublié de leur serment de « dignité, conscience, indépendance, probité et humanité ». Des juges des affaires sensibles sont jetés dans la fange médiatique, poussés dans les ornières par le pouvoir, acculés dans un chemin qui n'a plus rien à voir avec l'État de droit. Ceux qui rendent la justice au quotidien sont, quant à eux, oubliés. Dans ce théâtre-là, les actes les plus marquants se déroulent rarement sur scène. C'est dans les coulisses que tout se passe.

Printemps 2020. La France chancelle. L'économie trébuche sur la crise sanitaire. L'État organise la bonne tenue de ses pouvoirs régaliens et tente d'assurer la continuité de ses services publics – police, hôpitaux, sécurité. La justice, elle, est à l'arrêt. Les tribunaux se vident. Le ministère ne dispose d'aucun plan de gestion de crise abouti, rien n'est prêt et le secteur, en manque chronique de moyens, ne va pas réussir à s'adapter. Tout se fige. Plus de procès, ni de médiations, pas de jugements, ni d'ordonnances. « Il en est résulté une interruption du fonctionnement des juridictions pendant le premier confinement, à l'exception des contentieux de plus grande urgence, événement inédit dans l'histoire de la justice », conclura la Cour des comptes dans un rapport sévère.

Cet échec à franchir la marche et à s'ajuster rapidement à une situation, aussi exceptionnelle soit-elle, est symptomatique de la sclérose des institutions. Bien qu'il soit difficile de comparer des systèmes différents, tant les procédures varient d'un pays à l'autre, les chiffres restent éloquents. En France, pour cent mille habitants, nous avons trois procureurs, onze juges et trente-quatre personnels non juges, comme les greffiers. La médiane européenne est de onze procureurs (presque quatre fois plus), dix-huit juges (1,6 fois plus), et soixante et un personnels non juges (environ le double...). Cette énorme différence est, en partie, le résultat du faible budget de la justice, malgré une hausse continue depuis dix ans. Mais ce n'est pas seulement une question d'argent. La méfiance à l'égard de la justice est ancienne et la culture juridique des Français faible. Il y a un désamour, en France, de l'institution.

L'enveloppe de la justice a pourtant augmenté de 21 % entre 2011 et 2021, mais elle n'est pas employée de manière uniforme. La multiplication des réformes visant à une simplification des procédures n'a pas réglé le problème, contraignant les magistrats et les fonctionnaires du greffe à une réadaptation constante, sans que le délai de traitement des affaires en soit amélioré. Le retard dans la transition numérique est également immense. Après la sidération du premier confinement de 2020, des ordinateurs portables ont été distribués pour faire face aux impératifs de télétravail, mais le logiciel sous lequel ils fonctionnent est si archaïque qu'il est incompatible avec les programmes du tribunal, provoquant bugs et erreurs incessants. Enfin, si le nouveau garde des Sceaux, Éric Dupond-Moretti, se félicite d'avoir accru le budget de son ministère de 9 %, il faut rappeler que la majorité de cette augmentation est allouée à l'administration pénitentiaire… À titre d'exemple, sur les 1 500 postes créés, 1 092 sont pour le carcéral. Sur les 318 dévolus à la justice, il n'y aura que 50 magistrats. C'est très peu.

Se joue aussi derrière ces chiffres la question de l'indépendance des juges : ont-ils les moyens, matériels, de temps, d'autonomie, de mener à bien leurs investigations ? Les magistrats, et à travers eux les citoyens, ont-ils la possibilité d'enquêter sur le pouvoir pour limiter les abus ? Cet équilibre est le fondement même de notre pacte social. Une justice asphyxiée est une démocratie en danger.

Dans les coulisses des grandes affaires judiciaires se déroule, à chaque instant, une lutte d'influence inlassable, technique autant que brutale, entre le politique et la justice. Négociations, tractations, coups bas et vengeance médiatique contrastent avec la justice qui est la nôtre, celle des simples citoyens, celle qui s'immisce au cœur de nos vies, au sein de nos décisions les plus intimes.

À la veille d'une campagne présidentielle, le sujet est brûlant. De chaque côté l'on fourbit ses couteaux, les conseillers en communication de tous bords sont sur le pont, prêts à éteindre les incendies – ou à les allumer. Les messageries sécurisées chauffent dans les ministères comme dans les salles de rédaction. Et si la justice a toujours le choix de se saisir des révélations de la presse, elle sera, dans un cas, accusée de zèle ou d'avoir son propre agenda ; dans l'autre, d'être docile et à la main du gouvernement. Dans cette course sanglante au pouvoir, où les rêves de tant de prétendants se sont achevés devant les tribunaux, les juges et les politiques se font face, et jouent parfois un jeu dangereux.

1

Remontée d'information

« Éliane, je suis interrogée à l'instant (...) sur l'existence d'une procédure en cours à l'encontre de Madame Anne Hidalgo, s'agissant d'un éventuel emploi fictif dont elle aurait bénéficié. (...) Le parquet de Paris m'a indiqué ne pas être saisi. Qu'en est-il pour vous ? »

Entre le parquet général de Paris
et le parquet national financier, novembre 2017

Il existe en France un système opaque et peu connu tout entier dédié à la surveillance des affaires sensibles. Ce canal de communication, secret, sert le pouvoir et permet de lui faire parvenir, en temps réel ou presque, tous les renseignements susceptibles de l'intéresser : opposant visé par une enquête, personnalité en garde à vue, siège d'un parti perquisitionné... Avant que la machine médiatique s'emballe, le président et ses ministres seront mis au courant. Le gouvernement se repaît de ces histoires qui lui arrivent chaque jour par dizaines et dont il se sert pour prévenir les tempêtes ou pour les provoquer. Nul besoin de cabinet noir. Les procureurs sont tenus de signaler les dossiers particuliers à leur procureur général, qui adresse ensuite un rapport à la Chancellerie. Ces remontées d'information sont licites. Ce qui l'est moins, c'est l'existence que ces précieux renseignements vont ensuite mener dans les boucles WhatsApp et Telegram des conseillers ministériels, où ils s'épanouissent comme des fleurs vénéneuses, jusqu'à l'Élysée.

La Place Beauvau possède son propre réseau, parfois plus diligent encore, mais pas nécessairement aussi prisé. Le ministre de l'Intérieur est « l'homme le mieux renseigné de France », a-t-on coutume de dire. Le cœur nucléaire de l'activité est constitué des affaires politico-financières, domaine quasi exclusif de la police judiciaire. Un ancien haut responsable de l'institution estime à « une vingtaine le nombre de notes quotidiennes portant sur l'ensemble du spectre policier ». Enfin, les informations les plus sensibles, comme les perquisitions à venir, ne sont pas couchées sur le papier mais traitées en tête à tête entre le directeur général de la police et le ministre lui-même.

Mais… à l'Intérieur, « on livre du fait brut : enquêtes, gardes à vue, perquisitions… Avec leurs infos, finalement, on est à moitié à poil. Les magistrats, eux, sont les seuls à posséder le puzzle complet », sourit un conseiller d'Emmanuel Macron. « Pourquoi telle personne est citée dans telle enquête, quelles investigations envisage-t-on désormais, dans quel sens s'orientent les poursuites ? » Des synthèses sur « les affaires signalées » remontent à la Direction des affaires criminelles et des grâces, un rouage administratif du ministère de la Justice dans la mise en œuvre de la politique pénale, qui informe à son tour le cabinet du ministre. Sur sa messagerie professionnelle, le garde des Sceaux trouvera non pas l'intégralité d'une procédure, mais un résumé, avec ses éléments les plus saillants : analyse d'auditions ou résultat de perquisitions... On se souvient de ces deux rapports tenus en main par Christiane Taubira, alors garde des Sceaux, lors d'une conférence de presse, en mars 2014, au moment de la révélation de l'affaire dite des écoutes de Nicolas Sarkozy. Elle avait affirmé avoir découvert l'existence d'écoutes téléphoniques visant l'ex-chef d'État à la lecture du *Monde*. Un petit coup de zoom des journalistes sur ces documents, imprudemment exhibés, prouvait le contraire... Car il faut tout savoir afin d'avoir un coup d'avance sur le grand échiquier du pouvoir. Il est vital pour le gouvernement de conserver un fil d'information à la Chancellerie, et davantage encore en cas de cohabitation, quand la fidélité de la Place Beauvau va au Premier ministre.

Le parquet national financier (PNF) a été créé en 2013 pour lutter contre la grande délinquance économique et financière. Le 14 novembre 2017, Éliane Houlette, sa première et toute-puissante patronne, est interrogée par le parquet général de la cour d'appel de Paris au sujet d'informations parues dans le magazine *Capital* selon lesquelles la maire de Paris, inspectrice du travail de métier, aurait été payée pour un emploi qu'elle n'a pas occupé au ministère du Travail puis à la Direction régionale du travail d'Île-de-France en 2001 et 2002. Éliane Houlette doit faire part de ses intentions au sujet de cette suspicion d'emploi fictif, les parquets ayant la possibilité de se saisir eux-mêmes, notamment sur la base de révélations faites par la presse. La procureure est tenue de répondre, et le plus rapidement possible. Ce qu'elle fait, et de façon catégorique : aucune enquête n'est possible. En effet, quelques mois plus tôt, en février 2017, députés et sénateurs ont voté une loi instaurant un « délai butoir », fixé à douze ans, au-delà duquel un certain nombre d'infractions occultes et dissimulées, comme le détournement de fonds publics, ne peuvent plus être poursuivies. S'agissant des dossiers pour lesquels le délai butoir aurait constitué un obstacle aux poursuites, Éliane Houlette identifie deux signalements n'ayant pas permis de diligenter une enquête préliminaire :

— Celui portant sur les soupçons de détournement de fonds publics concernant la maire de Paris.

— L'autre, émanant d'un particulier, est à mettre en relation avec les avantages en nature (lignes téléphoniques, salaires de collaborateurs ou de chauffeurs, journaux…) dont bénéficiaient dans une certaine opacité les anciens présidents de la République. Le détail de ces dépenses (6 millions d'euros par an au total) était publié dans Mediapart en 2015 et semble prescrit, pour la procureure. Quant aux faits reprochés à la maire de Paris, datant de 2002, ils sont également hors de portée des magistrats. Anne Hidalgo a été sauvée de l'ouverture d'une enquête par le Parlement. Dans l'entourage d'Anne Hidalgo, on affirme que l'élue a fait confiance à l'indépendance de la justice et ne peut imaginer qu'il y ait eu des remontées d'information la concernant. Quant à l'emploi fictif dont elle aurait bénéficié, elle nie ardemment et fait savoir qu'elle a gagné son procès en diffamation contre le magazine *Capital*.

Tous n'ont pas eu cette chance. À la même époque, pour sanctuariser son dossier, débuté fin janvier 2017, contre François Fillon, le parquet national financier ouvre à la hâte une information judiciaire confiée au pugnace juge Tournaire. Un seul objectif : éviter la prescription des faits.

Ainsi va le rythme des affaires – que *Le Larousse* définit comme « une source de préoccupations, de difficultés ; une situation dangereuse, périlleuse ». *Le Robert*, lui, a cette formule amusante : « Ce qui occupe de façon embarrassante. » Mais que les magistrats agissent vite ou prennent le temps de la réflexion, on les dira à la solde du pouvoir et l'on verra toujours, derrière les décisions judiciaires, la preuve d'un dessein qui ne peut être que politique. Et de dénoncer ce que certains appellent « le gouvernement des juges ».

2

La revanche de Mimi Marchand

Nous pensions qu'elle n'oserait pas ; que devant le paradoxe évident de saisir la justice pour atteinte à la vie privée, quand elle-même avait tant de fois violé celle des autres, elle renoncerait ; que tirée dans la lumière par notre ouvrage, elle préférerait se faire discrète et retourner dans l'ombre mieux adaptée à ses manœuvres. Nous nous trompions. En octobre 2018 sort notre livre, *Mimi*, récit de l'existence tumultueuse de Michèle Marchand, reine des paparazzis, gardienne des secrets et des rumeurs, conseillère officieuse du couple Macron et de plusieurs ministres en exercice. En quatrième de couverture est imprimée une photographie d'elle, les doigts en V en signe de victoire, dans le bureau du président de la République – un incroyable clin d'œil à ce parcours fulgurant qui l'a vue passer des cellules de Fleury-Mérogis aux boîtes de nuit du XVIe, du milieu du grand banditisme à l'Élysée, des rédactions people aux bureaux feutrés des hommes d'affaires du CAC 40.

L'image, qui agace le président, met Mimi hors d'elle. Elle décide de nous poursuivre. Son intention est de découvrir le traître. Ce cliché dont elle était si fière, preuve que la petite marchande de photos est arrivée au cœur du pouvoir, elle a demandé à un vigile de l'Élysée de le prendre, avec son propre téléphone. Ensuite, elle ne l'a envoyé qu'à quelques proches. Alors, qui l'a trahie ? Qui, dans son entourage, a eu l'audace de nous parler d'elle, cette femme qui suscite la crainte, capable, en quelques coups de téléphone, de ruiner une carrière ? Devant les policiers, elle soupçonne son ancien gendre. Lorsqu'il est interrogé à son tour, celui-ci s'empresse de nier : « Tout le monde connaît entre guillemets son *pouvoir* et personne ne va reconnaître avoir publié une photo de sa patronne. Vu son parcours, elle n'a pas dû se faire que des amis. Je n'ai jamais eu de tension avec elle, même plutôt de l'admiration (...) Ce n'est pas de mon fait. Je trouve ça limite insultant. Lui nuire serait nuire à mes enfants. » Et l'homme de préciser : « D'ailleurs, vous pouvez vérifier mes comptes, je n'ai rien à cacher, je n'ai perçu aucune rémunération. » La presse people a en effet pour habitude d'acheter des photos compromettantes – la vie privée est une marchandise comme une autre.

Alors qu'un procureur a décidé de classer l'affaire, Mimi, par le biais de son avocat, force le cours des choses. Elle se constitue partie civile et saisit un juge d'instruction. C'est ce qu'il est convenu d'appeler une procédure bâillon : lorsque la justice est détournée et utilisée pour traquer les sources de journalistes, lesquelles sont pourtant protégées par la loi. Les plaintes de ce genre, déposées contre les médias pour atteinte à l'intimité de la vie privée et au secret des correspondances, sont légion. L'objectif est de dissuader les lanceurs d'alerte, d'effrayer ceux qui voudraient prendre la parole.

Mimi transmet la liste des personnes à qui elle a envoyé le cliché. « Suite à la publication de cette photographie, j'ai subi un préjudice professionnel important, allègue-t-elle. Le service de presse de l'Élysée a subi une pression de la part des autres organes de presse afin que je n'aie plus accès de façon privilégiée à l'Élysée. » Mais la juge finit par prononcer un non-lieu, estimant que les investigations n'ont rien donné.

Pour nous condamner, il aurait fallu considérer le bureau du chef de l'État, où a été prise la photographie, comme une adresse privée, un endroit « indiscutablement fermé au public », ainsi que l'affirme Mimi. Or quel lieu représente mieux le cœur de la démocratie que ces quelques mètres carrés où se joue à chaque instant le sort des Français ? Le bureau du président appartient à tous.

Le pouvoir n'hésite jamais à se servir de la justice pour assurer ses intérêts et asseoir son influence ; dans le même temps, il se méfie des juges et de leur indépendance. Les tient en liberté surveillée. Les observe. Garde jalousement la main sur l'évolution de leur carrière.

Contrôler les magistrats, c'est avoir un œil sur la vie économique du pays, pouvoir surveiller les conflits d'entreprises et de personnes. Sentir le présent et pressentir l'avenir.

3

Le premier MeToo du cinéma français

Février 1998. Sur le plateau de « Nulle part ailleurs », l'émission phare de Canal+, la lumière est tamisée, le ton obséquieux. Le tapis rouge est déroulé. L'invité ? Le comédien Robert De Niro à qui Guillaume Durand, l'animateur, donne du « Bob ». Durand lui présente ses excuses au nom du pays, s'insurge qu'on l'ait traité ainsi, lui témoigne de l'amour que lui portent les Français. Et l'acteur de dire à quel point il a été humilié et que oui, avec le temps, peut-être, il pardonnera, mais rien n'est certain…

Le storytelling est habilement orchestré. Tout est fait pour défendre De Niro, « le grand homme blessé », qui vient d'être entendu en garde à vue dans le cadre d'une vaste enquête pour proxénétisme. Son interpellation, très médiatisée, à son hôtel, va être largement critiquée dans les médias. Lorsque, blessé dans son orgueil, il annonce sa volonté de « renvoyer à l'ambassade » sa Légion d'honneur, Jack Lang, qui la lui avait décernée, vole à son secours et n'hésite pas à évoquer un « abus de droit ». De

Niro pourra même s'entretenir en privé de son affaire avec la ministre de la Justice, Élisabeth Guigou, lors d'une soirée donnée chez l'animateur de Canal+, comme le révèle à l'époque *Le Canard enchaîné.* La presse, les ministres, les célébrités… tout le monde est vent debout derrière le comédien écorché.

Pourtant, dans cette enquête, pas moins de quatre-vingt-neuf femmes, dont quinze mineures, vont être entendues par la Brigade de répression du proxénétisme. Des dizaines d'entre elles dénoncent des agressions sexuelles. Elles citent des noms célèbres au fil d'interrogatoires qui s'enchaînent, la planète people tremble – et se défend. De nombreux et virulents textes de soutien à De Niro sont signés par des figures médiatiques influentes, dont certaines n'hésitent pas à présenter le juge d'instruction, Frédéric Nguyen, comme un « pervers », un « obsédé » ou même un « mégalomane » en quête de célébrité. Comme à chaque MeToo qui suivra, le milieu tout entier se dresse, outragé, pour défendre les siens et tenter de réduire l'affaire aux méthodes d'un magistrat cow-boy qui chercherait à se faire mousser.

Les milliers de pages jaunies de l'enquête racontent cette histoire. Les témoignages sont édifiants. On y découvre un monde où les femmes sont traitées « comme du bétail », selon les propos de l'une d'entre elles. Où coucher apparaît chez de nombreuses mannequins ou actrices en herbe comme la seule solution pour faire carrière. Où l'on vend du rêve à des jeunes filles pour mieux les prostituer à des hommes d'affaires ou des personnalités du spectacle. En 1997, le stratagème mis en place par Jean-Pierre Bourgeois est aussi classique qu'implacable. Le photographe, qui s'est fait une petite réputation en publiant des clichés de charme dans des grands magazines, dont plusieurs de la chanteuse Corynne Charby, joue les rabatteurs. Il aborde les jeunes filles dans la rue ou lors de défilés. Elles lui sont parfois envoyées par des agences de mannequinat. Commence alors le conditionnement psychologique de celles qui, naïves, se voient déjà en tête d'affiche. Bourgeois leur promet un casting chez Clarins et une rencontre avec le PDG d'alors, Christian Courtin, ou encore le producteur Alain Sarde qui cherche, leur dit-il, des figurantes pour son prochain film.

Bourgeois les met en position de faiblesse, prend des photos d'elles dénudées, leur rase lui-même la toison pubienne parce que cela fait de plus « belles » photos. Elles restent souvent là, allongées sur le lit, les jambes écartées, en état de sidération. Il arrive qu'il abuse d'elles. Vient ensuite l'heure des présentations. « La plupart des jeunes femmes (…) ne s'étaient jamais prostituées et n'avaient jamais connu le monde de la prostitution de luxe. Il s'agissait de jeunes femmes (et même de jeunes filles) attirées par le monde du spectacle, de la mode, de la photographie, moins armées psychologiquement et professionnellement que d'autres », écrit le juge Nguyen. Bourgeois se sert des noms de Courtin et de Sarde comme d'un miroir aux alouettes. Lorsque les filles le rencontrent, elles pensent réellement avoir une opportunité professionnelle. Sauf que la présentation n'a en général pas lieu au siège de Clarins ou dans les bureaux du producteur mais dans le salon d'un hôtel particulier occupé par un ancien joueur de tennis polonais. « Moi comme les autres jeunes filles, nous y avons toutes cru, raconte Dorothée à la police. Aujourd'hui encore, je crois que c'était pour ça. Je n'ai toujours pas compris. Courtin comme Jean-Pierre Bourgeois nous ont fait croire qu'il y avait un contrat entre eux, que Courtin était le patron de Jean-Pierre Bourgeois. D'ailleurs, c'est Christian Courtin lui-même qui m'a expliqué personnellement le genre de maquillage qu'il voulait pour les photographies (...) aux Bahamas. » Un voyage est en effet organisé auquel vont participer plusieurs très jeunes femmes, dont au moins une mineure, qui aspirent à devenir mannequins. Avant le départ, Christian Courtin paraît et leur distribue des échantillons de produits Clarins. Sur place, les repas et propositions sexuelles d'hommes d'affaires ou de célébrités s'enchaînent, mais aucun contrat professionnel.

Une jeune femme, Sabrina, détaille aussi les entretiens en petite culotte avec le PDG de Clarins, lors desquels elle avoue s'être « laissée faire, ne voulant pas gâcher [s]es chances de décrocher un contrat » : « Ils nous ont fait passer l'une après l'autre. (...) Pour expliquer qu'ils ne nous faisaient pas signer de contrat au nom de Clarins, Jean-Pierre Bourgeois disait devant Courtin que c'est en fonction du nombre de photos, de leur qualité que Clarins ferait son choix. » Elle ajoute : « Christian Courtin faisait mine de regarder mon book, comme dans un casting (...) Il a pris une attitude très sûre de lui, s'est avancé vers moi et a dit sur un ton qu'il voulait le plus normal possible : "Je vais voir s'ils sont bien fermes." Et c'est à ce moment-là qu'il a caressé mes seins. J'étais tétanisée. » Même récit pour Ellen, qui explique avoir été abordée par Bourgeois à l'église suédoise de Paris, alors qu'elle consultait les petites annonces d'emploi. « Dans un premier temps, quand j'ai vu que Jean-Pierre m'emmenait réellement au siège de la société Clarins, j'ai cru qu'il s'agissait d'une vraie rencontre professionnelle. Mais en sortant du bureau de Courtin après qu'il m'a caressée, j'ai eu un gros doute sur le bien-fondé de ma visite. » Après cette rencontre, Bourgeois propose de lui présenter Alain Sarde qui prépare son prochain film. « J'ai accepté ce rendez-vous qui pour moi était professionnel. Je suis formelle : à aucun moment, Bourgeois ne m'avait dit qu'il s'agissait d'avoir des relations sexuelles avec ce producteur, il s'agissait d'une sorte de casting. »

La jeune fille va déchanter. La rencontre a lieu dans une garçonnière, avenue George-V, et non dans les bureaux de la société du producteur. Mais selon Ellen, Alain Sarde joue le jeu : « Il m'a confirmé qu'il cherchait des filles pour le film *Paparazzis* où devait jouer Christophe Lambert et un autre acteur français dont j'ai oublié le nom. Le tournage devait commencer en décembre. Il m'a expliqué qu'il était sérieux, que je n'avais rien à craindre car il a vu que j'étais tendue. Il m'a dit qu'il fallait que je me déshabille afin qu'il vérifie la beauté de mon corps. Ensuite il m'a demandé d'aller m'allonger sur le lit dans la chambre à coucher. Il m'a dit qu'il voulait faire l'amour avec moi. » La jeune femme avouera avoir eu une relation sexuelle avec le producteur. « Une fois revenu dans le salon, il m'a redit qu'il était quelqu'un de sérieux. Il m'a dit que si j'avais besoin d'argent, je pouvais revenir le voir et qu'il m'en donnerait. Il ne m'a rien donné, je ne lui ai rien demandé. »

Alain Sarde ne sera pas poursuivi en justice pour ces faits. Son avocat, Me Georges Kiejman, assurera qu'il ne pouvait pas savoir que ce n'étaient pas des prostituées. Autre époque, autres mœurs, la société n'est pas prête à entendre la parole de ces jeunes femmes. La France passe complètement à côté. Comment a-t-on glissé d'un dossier aussi lourd, de tant de plaignantes, aux témoignages concordants et circonstanciés, à un non-lieu ? Difficile de porter sur ces événements notre regard d'aujourd'hui, transformé par le scandale Harvey Weinstein qui a irrémédiablement modifié la manière dont les enquêteurs et les médias appréhendent les affaires sexuelles. Cela se passe avant les réseaux sociaux. Isabelle Adjani n'a pas encore tenu les propos qu'elle livrera au *Journal du Dimanche* le 15 octobre 2018 : « Pour la plupart des gens, si une actrice doit coucher pour y arriver, ça reste naturel, voire normal, selon l'idée qu'il faut bien donner un peu de soi quand on veut obtenir beaucoup. Et cette question est trop peu souvent considérée sous l'angle du harcèlement et du viol. » À l'époque, de nombreux témoignages sont remis en cause. On ne sait pas quel regard porter sur ces femmes qui, d'un côté, dénoncent les agissements d'Alain Sarde, et de l'autre reconnaissent avoir touché de l'argent en couchant avec des clients de Bourgeois. Anne-Laure, tombée de longues années dans la prostitution après sa rencontre avec le photographe de charme, illustre cette ambiguïté : « Il y a eu un quiproquo, car dans mon esprit, je n'allais pas chez Sarde en tant que prostituée mais en tant que comédienne. Nous avons eu des relations et à la fin Sarde a voulu me remettre de l'argent mais j'ai refusé, ne voulant pas me griller dans le milieu cinématographique. » Toutes ces jeunes femmes ont-elles consenti à des relations sexuelles dans l'espoir secret d'obtenir un rôle ? « Jean-Pierre m'a proposé de me faire rencontrer Alain Sarde pour qu'il m'aide dans ma carrière, répond à la Brigade de répression du proxénétisme Dominique, jeune comédienne au moment des faits. Dans un premier temps, je suis assez séduite car Sarde est le plus grand producteur français. » Quelques jours plus tard, Dominique coupe les ponts après avoir eu confirmation par une amie que « toutes les filles qui étaient envoyées par Bourgeois à Sarde n'étaient jamais employées par ce dernier dans des films ».

Mis en examen pour viol dans un des volets de l'affaire, Alain Sarde a fait deux mois de prison avant de bénéficier d'un non-lieu et il est aujourd'hui innocent. Sa défense pourfendra la plainte le visant déposée par une actrice pornographique et n'aura de cesse de critiquer une instruction dont chaque acte se retrouve détaillé dans la presse le lendemain. Le cinéaste, il est vrai, peut aussi compter sur ses amis. Au plus fort de la tempête, Pierre Lescure, Juliette Binoche, Catherine Deneuve, Alain Delon, Nadine Trintignant et la même Isabelle Adjani lui fournissent des attestations de moralité. Autant de personnalités qui « connaissent vraiment » le producteur, écrit Georges Kiejman le 13 octobre 1997, dans une lettre impitoyable adressée au juge d'instruction. « Si vous prenez la peine de lire ces attestations, vous verrez qu'il ne s'agit pas là de témoignages de convenance dictés par l'intérêt professionnel. Il s'agit de gens qui, tous, ont eu une relation suivie et proche avec Alain Sarde. Ce sont des gens qui sont autorisés à porter un jugement sur lui, même si, pas plus que vous ou moi, ils n'ont assisté aux faits que vous considérez comme établis. » L'avocat poursuit : « Si l'on venait à redire, comme cela a été suggéré par la presse, qu'il s'agit d'une ingérence de la "grande famille" du cinéma dans une affaire judiciaire, il suffirait de faire observer que cette famille est celle d'Alain Sarde. » La langue est belle, l'argument acéré. Et Kiejman de terminer sa missive en commandant au juge d'instruction de se déporter. Le juge Nguyen, quant à lui, à l'issue d'une convocation orageuse par le président du tribunal, est dessaisi quelques mois plus tard, au motif des multiples fuites dans la presse, et d'accusations d'instruction partiale. Le dossier est vite refermé.

Jack Lang s'est illustré par ses prises de position virulentes durant toute l'affaire. Peu après la garde à vue de Robert De Niro, il a adressé un communiqué à l'Agence France presse (AFP) dénonçant « l'arbitraire judiciaire » vécu par l'acteur. Avant, dans une interview, de prendre sa défense : « Ce n'est pas la France qui aujourd'hui est coupable [d'avoir maltraité De Niro, *Nda*] mais un fonctionnaire de justice. Et précisément, la nouvelle majorité élue en juin dernier a la volonté ferme de réformer profondément le système juridictionnel afin de protéger les justiciables et les particuliers contre les éventuels abus de droit commis par les juges. » Et l'ancien ministre de la Culture de conclure en citant un auteur qu'on retrouve régulièrement dans la bouche de ceux qui dénoncent le pouvoir des juges : « Qu'il relise Montesquieu, qu'il sache que tout homme qui détient un pouvoir est tenté d'en abuser. » Le tribunal correctionnel de Nanterre condamnera Jack Lang pour diffamation envers le juge Nguyen.

Christian Courtin, bien que cité, ne s'est pas présenté au procès du proxénète Jean-Pierre Bourgeois (qui sera condamné sans bruit à cinq ans de prison). Il nous répond avoir découvert dans la presse le système mis en place par Bourgeois et n'y avoir jamais participé. Selon lui, l'enquête a montré que Bourgeois, qui n'était pas le photographe de Clarins, avait usurpé cette qualité sans l'accord d'aucun dirigeant de la société. Christian Courtin nie avoir assisté à de faux castings, que ce soit chez Clarins ou ailleurs. Quant au juge Nguyen, qu'on surnommait le juge rouge, il est aujourd'hui juge des libertés à Paris, où il est considéré comme l'un des plus répressifs. Avec lui, « personne ne sort », sourit un avocat qui a régulièrement affaire à lui.

Sur Internet, il reste peu de traces de cette histoire qui avait pourtant défrayé la chronique. L'affaire De Niro n'est ni le premier ni le dernier exemple de la justice spectacle. Mais elle comprend les ingrédients systématiquement utilisés dans les enquêtes sensibles pour en faire dérailler le cours : tornade médiatique, intervention du pouvoir – des articles de l'époque détaillent comment les comptes rendus des écoutes des jeunes femmes du réseau arrivent parfois sur le bureau du ministre de l'Intérieur avant même de parvenir au magistrat qui les a autorisées –, forte pression sur les juges. Tout y est, et la justice n'a pas tenu le choc. Ce qui aurait pu être le premier MeToo du cinéma français a tourné court.

4

Loterie judiciaire

« Madame le procureur financier, à la demande de la Chancellerie, auriez-vous l'obligeance de m'informer si le PNF a ouvert une enquête sur les suspicions de corruption, à l'occasion de la vente des avions Rafale à l'Inde ? Très cordialement. »

Parquet général de Paris,
octobre 2018

Depuis des semaines, Mediapart est en effervescence. Le site d'information en ligne d'Edwy Plenel pense avoir mis le doigt sur un nouveau scandale d'État. « En Inde, François Hollande s'invite dans l'affaire des avions Rafale », titre-t-il le 21 septembre 2018. « Soupçonnant une "immense escroquerie", l'opposition indienne réclame une enquête sur l'achat de trente-six chasseurs de combat à la France, sous la présidence de François Hollande, et sur le rôle de Reliance, le partenaire indien de Dassault », qui a accordé un « mystérieux financement (...) à un film coproduit par Julie Gayet [la compagne de François Hollande, *Nda*]. » Trois semaines plus tard, le 10 octobre, les révélations se poursuivent mais elles ne sont guère reprises par la presse : « Affaire des Rafale en Inde : un nouveau document accable Dassault », lance Mediapart.

Il arrive que le parquet s'empare d'échos médiatiques pour creuser les révélations des journalistes, comme cela a été le cas pour l'affaire Fillon ou, plus récemment, pour l'affaire Olivier Duhamel. Il peut aussi, tout bonnement, refuser de se saisir. En octobre 2018, alors même que les articles s'enchaînent, le parquet national financier hésite encore à agir : « Les éléments dévoilés jusqu'à ce jour par la presse nous ont paru trop incomplets et imprécis pour justifier l'ouverture d'une enquête », écrit sa présidente, Éliane Houlette, en réponse à la Chancellerie qui cherche à en savoir davantage. Il faudra, sur le dossier des Rafale, toute la détermination des associations anticorruption, Sherpa et Anticor, pour que des investigations soient enfin lancées. En France, certaines structures bénéficient d'un agrément, valable trois ans, qui leur permet d'agir en justice. Quand des dossiers visant des faits de corruption n'avancent pas, elles ont la possibilité de forcer la désignation d'un juge. Trois seulement ont ce pouvoir : Sherpa, Anticor et Transparency International. Matignon distribue les agréments et c'est évidemment un enjeu. Les associations réclament d'ailleurs qu'il leur soit attribué par une autorité administrative indépendante. Récemment, Anticor, accusée d'« opacité » sur ses financements, a failli perdre le sien et ne l'a conservé qu'in extremis, à condition de dévoiler l'identité de ses donateurs.

Les parquets, ou ministère public, chargés de conduire l'action pénale au nom de l'intérêt de la société, ont une certaine liberté dans le choix des affaires qu'ils poursuivent. Cela constitue un filtre efficace face aux plaintes extravagantes ou dénuées de fondement qui leur parviennent régulièrement, mais cela peut aussi représenter une source de blocage. Les citoyens ont alors la possibilité de déposer plainte avec constitution de partie civile devant le doyen des juges d'instruction et, pour avoir une chance que leur affaire soit étudiée, il faut payer une consignation dont le montant est laissé à l'appréciation du juge. Au PNF, chargé des grandes affaires politico-financières, les saisines empruntent également différents circuits : les autres parquets de France peuvent lui proposer de se dessaisir à son profit ; il peut être saisi par la voie institutionnelle : Autorité des marchés financiers, Cour des comptes, Tracfin… ou, enfin, directement par un particulier, par le biais de son avocat. « Les courriers arrivent sur le bureau du procureur de la République adjoint central qui attribue en accord avec le procureur national financier le dossier à tel ou tel magistrat ; les courriers de particuliers et de dénonciation anonyme arrivent eux sur le bureau du magistrat de permanence », explique le procureur Arnaud de Laguiche, interrogé par l'Inspection générale de la justice.

Voulu par François Hollande à la suite du scandale Cahuzac, le PNF est à l'origine rejeté par l'ensemble de la communauté judiciaire, à l'instar du magistrat le plus célèbre de France, l'ancien procureur de Paris, François Molins qui, le 26 juin 2013, devant l'Assemblée nationale, assène : « La réforme proposée d'instaurer un procureur national financier comporte beaucoup plus d'inconvénients que d'avantages. Elle s'annonce dans le meilleur des cas comme inefficace et, dans la pire des hypothèses, comme contre-productive. » À l'époque, les magistrats craignent une hyper-concentration des enquêtes les plus sensibles aux mains d'un seul parquet sans qu'aucune garantie d'indépendance ne lui soit donnée vis-à-vis de l'exécutif. Un projet de parquet « dangereux », selon l'Union syndicale des magistrats, qui interroge : « Quelle sera son autonomie au niveau politique ? » Une pétition circule également, dans laquelle se lit la crainte qu'une centralisation nationale des affaires ne fasse finalement qu'aggraver le soupçon et la possibilité de contrôle par le gouvernement.

Chargé de récupérer les investigations complexes visant les faits de détournement de fonds publics, de prise illégale d'intérêts, de fraude fiscale aggravée, de favoritisme, de corruption, de trafic d'influence et autres délits d'initiés, le PNF va cependant s'imposer en quelques années comme un acteur incontournable de la lutte contre la corruption. Il se saisit des plus beaux dossiers et parvient à récupérer des milliards d'euros grâce à la justice négociée, que certains dénoncent comme une dangereuse américanisation du système français. Une procédure dite de « plaider-coupable », la comparution sur reconnaissance préalable de culpabilité (CRPC), est assortie d'amendes importantes voire, dans certains cas, de peines de prison. C'est aussi le cas de sa cousine, la CJIP, convention judiciaire d'intérêt public, équivalent du plaider-coupable mais pour les entreprises. Le PNF est aussi devenu un interlocuteur efficace pour les partenaires européens et mondiaux, dont le très puissant Department of Justice américain. Il est désormais craint dans le monde des affaires et son existence n'est guère plus remise en cause que par certains hommes politiques, peu habitués à ce que la justice vienne percuter l'exercice de leur pouvoir. « Le PNF est un grand progrès pour le droit (...) Les attaques à son encontre sont portées par des personnes qui sont attaquées par lui ou susceptibles de l'être », résume dans le magazine *Le Point* le député LR Jean-Luc Warsmann, auteur d'un rapport parlementaire sur l'institution.

Mais comme toutes les jeunes structures, le PNF subit de nombreuses critiques, y compris en interne... En mai 2017, juste avant les élections législatives, des dissensions éclatent ainsi au sujet du député LREM de l'Aisne, Jacques Krabal. Alors qu'une enquête préliminaire portant sur des faits d'atteinte à la probité dans l'attribution de marchés publics a été ouverte par le parquet local, une lettre d'un mystérieux corbeau, contenant des révélations, parvient à l'Office central de lutte contre la corruption et les infractions financières et fiscales (OCLCIFF). Ulrika Delaunay-Weiss, procureure au PNF, entend se saisir de l'affaire. Le procureur de Soissons en charge des investigations la conforte en ce sens : « Comme je te disais, des choses ont été faites par l'enquêtrice de la police judiciaire de Creil mais je ne suis jamais parvenu, malgré des contacts directs avec la DIPJ [Direction interrégionale de la police judiciaire] de Lille, à ce que ce dossier soit sérieusement pris en compte, lui écrit-il. Pour ma part, je suis convaincu qu'il y a des choses à trouver au regard des détails figurant dans la lettre ouverte anonyme. Je ne verrais qu'avantage à ce que le PNF prenne la main sur ce dossier. Cela ne pourrait que faciliter son éventuelle avancée, et en outre, cela faciliterait les choses à mon successeur qui aurait les coudées plus franches dans ses relations avec Jacques Krabal qui, bien que n'étant pas un interlocuteur toujours très simple, est un interlocuteur incontournable. »

En effet, les procureurs, pour assurer la sécurité sur le territoire, sont en contact rapproché avec les maires, députés, sénateurs, conseillers départementaux... et parfois bien embarrassés pour les poursuivre, si bien qu'ils peuvent préférer passer la main au PNF. La démarche est saine, elle permet d'éviter d'éventuels conflits d'intérêts et blocages institutionnels. La procureure Delaunay-Weiss pense étudier le dossier de manière approfondie et prévoit de faire pratiquer par l'OCLCIFF des vérifications préliminaires sur l'ampleur du phénomène. Pourtant, elle est aussitôt rabrouée par la cheffe du PNF, qui refuse de se saisir. Éliane Houlette est une élégante sexagénaire aux cheveux courts et au visage avenant. Elle est bavarde, sociable, accueillante – mais capable aussi d'une grande brutalité, en interne notamment. Elle trouve cette proposition de dessaisissement tardive et n'est pas persuadée que cette affaire, pour importante qu'elle soit localement, relève de la compétence du PNF ou de celle de l'OCLCIFF. Elle écrit : « Nous avons reçu depuis le mois de février dernier un certain nombre de signalements mettant en cause des députés et leurs proches et avons saisi les parquets locaux. Si les qualités de ministre ou d'ancien Premier ministre justifient une saisine du PNF, pour les autres élus, c'est différent. Il faut apprécier au cas par cas, en fonction de la complexité des faits. »

Quelques heures plus tard, après s'être entretenue avec Thomas de Ricolfis, le patron de l'OCLCIFF, Éliane Houlette réaffirme sa volonté de ne pas prendre la main, mettant en avant que selon ce dernier, l'enquête préliminaire est en cours et suit un traitement normal. Il n'y a donc pas lieu de se saisir de cette procédure dont la dimension est purement locale. La position de sa supérieure provoque la colère d'Ulrika Delaunay-Weiss, pour qui il n'appartient pas au chef de l'OCLCIFF de décider ou non de l'orientation de l'action publique. Elle rappelle que le PNF a déjà récupéré de nombreux dossiers, notamment d'atteintes à la probité avec une certaine ancienneté, en raison de la visibilité politique de la cible, ou du type de l'infraction. Elle n'aura pas gain de cause. Sollicité, Jacques Krabal nous fait savoir que ce dossier, selon lui monté par quelqu'un de son entourage, n'a tout simplement pas intéressé le PNF car il était vide.

Les raisons qui peuvent pousser le PNF à refuser une affaire sont diverses. Ainsi n'a-t-il pas voulu de l'enquête ouverte à Lyon sur le financement de la campagne présidentielle 2017 d'Emmanuel Macron, pas plus qu'il n'a souhaité reprendre l'enquête préliminaire proposée par le parquet de Fontainebleau visant le député UDI et ancien secrétaire d'État chargé de l'Outre-mer Yves Jégo. En 2017, l'ancien vice-président de l'Assemblée nationale est en effet soupçonné d'avoir touché des indemnités indues d'un montant de quelques milliers d'euros en lien avec la gestion d'un syndicat mixte. « Absence de grande complexité de l'infraction (mode opératoire déjà connu) et modicité du préjudice », juge le PNF. Même chose lorsque le procureur de Pointe-à-Pitre le saisit suite à des soupçons d'emploi fictif dans l'entourage d'un sénateur. « Absence de grande complexité », répond là encore le parquet le plus puissant de France. « Faits simples et personnalité politique n'étant pas de premier plan ». Le parquet fait la fine bouche.

Le PNF refusera de la même manière des investigations visant l'ancien président de la Fédération française de gymnastique ou des faits de détournement de fonds publics, dans le cadre d'une enquête ouverte par le parquet d'Auch sur des soupçons d'emploi fictif de l'épouse de Philippe Martin, ex-député, président du conseil départemental du Gers et ancien ministre de l'Écologie. La justification est souvent la même : « Visibilité réduite du mis en cause, faits non complexes ». Dans cette grande loterie judiciaire, certains ne sont pas passés loin. En juin 2017, le procureur d'Évreux se rapproche ainsi du PNF pour lui soumettre l'ouverture éventuelle d'une enquête préliminaire contre Bruno Le Maire, tout nouveau ministre de l'Économie, des Finances et de la Relance, soupçonné d'avoir fictivement employé sa femme, à l'époque où il était député. « Absence de grande complexité », rétorque le PNF. Qui ajoute : « Faits prescrits après analyse ».

PNF, trois lettres et le récit d'une époque. Transparence. Corruption. Fraude. Éthique. Moralisation de la vie publique. Instrumentalisation. Acharnement. « Transpercence », comme le disait avec dédain l'avocat Dupond-Moretti, devenu depuis ministre de la Justice. Défile ici le champ lexical d'une décennie qui aura vu destins présidentiels, sociétés cotées en Bourse, carrières d'élus et de chefs d'entreprise se briser sur ce court sigle…

5

Pressions

« Bonjour, le service des affaires signalées souhaite avoir une actualisation d'un certain nombre de dossiers ainsi que l'état de ceux-ci. »

Place Vendôme, 4 juillet 2016

Essorés. Lessivés. Les procureurs du PNF sont dans la tempête. Depuis sa décision, le 25 janvier 2017, d'ouvrir une enquête préliminaire à l'encontre du candidat de la droite à la présidentielle, le parquet accuse les coups. On lui reproche d'avoir « délibérément démoli » François Fillon, selon les mots du député LR Gilles Carrez. « On est en train de se faire voler l'alternance par le parquet national financier », ose même, à la mi-février, sur le plateau de BFM-TV, feu le député Bernard Debré. Le 1er mars 2017, l'hebdomadaire *Valeurs actuelles* publie une alerte sur son site internet : « EXCLUSIF. La riposte du peuple de droite est lancée. Selon nos informations, une demande a été déposée aujourd'hui à la préfecture de police de Paris (...) pour l'organisation dimanche au Trocadéro d'une marche contre le coup d'État des juges », une protestation contre la « traque anti-Fillon ». La rhétorique est si violente et populiste qu'elle effraie même certains Républicains. Nathalie Kosciusko-Morizet ou Philippe Gosselin tonnent dans la presse contre une « stratégie extrêmement dangereuse ». Valérie Pécresse fait savoir qu'elle ne se déplacera pas si le mot d'ordre est d'aller manifester contre les juges.

Face à cette tension politique et médiatique, Éliane Houlette, la patronne du PNF, dit également devoir composer avec « l'énorme pression » du parquet général, selon les mots qu'elle emploiera bientôt devant la commission d'enquête de l'Assemblée nationale dédiée aux obstacles à l'indépendance de la justice. Elle évoque des demandes incessantes et « d'un degré de précision ahurissante » pour qu'elle fasse remonter les informations le plus vite possible sur les derniers actes d'investigation, qui lui étaient parfois adressées pour « les actes de la veille », et qu'elle devait synthétiser « avant 11 heures le lendemain ». Elle détaille le fonctionnement de ces exigences du gouvernement : « Les demandes de précisions, de chronologie générale – tout ça à deux ou trois jours d'intervalle –, les demandes d'éléments sur les auditions, les demandes de notes des conseils des mis en cause… Les rapports que j'ai adressés, je les ai relus avant cette audition [devant la commission de l'Assemblée nationale, *Nda*]. Il y a des rapports qui étaient circonstanciés, qui faisaient dix pages, précis, clairs, voilà », soutient la magistrate. Qui ajoute : « On ne peut que se poser des questions [sur ce qui est fait de ces informations comme sur cette urgence, *Nda*]. C'est un contrôle très étroit… »

La patronne du PNF supporte également une rude charge en interne. Trois mois après les débuts de l'affaire Fillon et une semaine avant le premier tour de la présidentielle, l'ambiance est exécrable au parquet national financier. Le magazine *Challenge* vient de publier un bilan mitigé de son action et la présente comme l'invitée surprise de l'élection, celle qui a fait tomber un candidat et s'est placée malgré elle « au cœur de l'actualité politique ». L'article est bien renseigné et évoque une guerre de chapelles au sein du PNF. Éliane Houlette pense avoir été trahie par les siens. Certaines informations ont été communiquées par plusieurs de ses subordonnés qui ont demandé au journaliste de ne pas révéler leur identité. Le 18 avril 2017, elle prend la plume et ne cache pas sa colère auprès de ses collègues : « J'apprends que des clans se sont formés et que j'ai tendance à louvoyer entre des "chouchous" qui me doivent leur nomination, et d'autres avec qui le courant passe moins bien. Je laisse à l'auteur de cette information l'initiative de venir me parler à visage découvert et tiens à vous rassurer tous. Je n'ai pas de chouchous, mon bureau est ouvert et je reçois avec le même plaisir chacun des membres du PNF qui pousse ma porte (…) Si je regrette la facilité et l'absence d'honneur avec laquelle certaines critiques peuvent être émises, je déplore plus encore leur anonymat qui ne permet pas de les rectifier autrement que par ce message. »

Au-delà des questions d'affect, d'ego ou de management au sein du PNF, l'emblématique affaire Fillon, visant un candidat à la présidentielle, permet de rappeler à quel point cet avant-poste, en contact permanent avec le pouvoir, peut être le lieu de toutes les frictions. Éliane Houlette, bien qu'affirmant n'avoir pas reçu d'instructions sur le fond, décrit le climat anormal et pressant dans lequel le PNF a mené ses investigations – qui, certes, allaient faire basculer le cours d'une élection.

Mais ces demandes sont permanentes, et les sujets d'intérêt du pouvoir, nombreux. Famille Le Pen. Crédit Suisse Cetelem. Google. Balardgone (le nom du nouveau ministère de la Défense). Nouvelle route du littoral. Groupe Manurhin. Paul Canarelli. Football Leaks. La liste est longue des dossiers suivis en haut lieu et pour lesquels une actualisation régulière est demandée. Les informations ne remontent parfois pas plus haut que le parquet général, qui ne les réclame que pour exercer son contrôle, légitime et nécessaire, sur l'activité des parquets de son ressort. Légalement, elles sont supposées servir de socle, après analyse, à la détermination des politiques publiques de la nation. Par exemple, lorsque des parquets font remonter massivement des faits de vol à la tire, le ministre appellera à une vigilance particulière sur ce phénomène. Cela lui permet également d'adapter sa politique en fonction des territoires. Sans ces remontées d'information, le ministre de la Justice est « aveugle », assure un ancien garde des Sceaux.

Problème : le type de renseignement que les procureurs sont tenus de remonter n'est que très vaguement encadré par une circulaire, dont les critères sont aujourd'hui si larges (« gravité intrinsèque des faits », « médiatisation possible ou effective de la procédure », « personnalité de l'auteur ou de la victime », « faits impliquant des élus, des personnalités de la société civile », etc.) qu'à peu près n'importe quelle affaire est susceptible d'être concernée. En janvier 2021, le ministère de la Justice franchit encore une étape en demandant aux parquets généraux de s'assurer, désormais, de « disposer d'une information immédiate en temps réel ». « Il faudrait donc que les membres du parquet décrochent séance tenante leur téléphone dès qu'une enquête est ouverte pour aviser le parquet général afin “de pouvoir lui-même faire un rapport, téléphonique ou écrit, aux services de la Chancellerie” », s'inquiète le Syndicat de la magistrature. Enfin, la Chancellerie réclame que les confirmations à la presse fassent « l'objet d'un avis à tout le moins concomitant au parquet général ». En clair, le pouvoir veut anticiper toute révélation médiatique.

En plus des mails et des appels téléphoniques quotidiens, les procureurs français participent également, plusieurs fois par mois, à des réunions demandées par leur procureur général, consacrées exclusivement au suivi des affaires. La veille ou quelques jours avant ledit rendez-vous, ils se voient adresser un programme. Éliane Houlette reçoit ainsi, du procureur général de Paris, le 27 septembre 2017, le message suivant : « Bonsoir Éliane,

À l'ordre du jour de notre prochaine réunion, j'ai pensé qu'il pourrait être utile d'évoquer : Point sur les dossiers Airbus et Société Générale. État d'avancement du dossier dit du financement libyen. La priorité demeure, bien sûr, à l'actualité du PNF, qui est la raison d'être de ces réunions bimensuelles. » Éliane Houlette est en effet exaspérée par ces demandes, de plus en plus nombreuses.

Les exigences de remontées n'ont jamais été aussi pressantes que lors de l'affaire Fillon, au point que les magistrats en plaisantent eux-mêmes dans leurs échanges. Le 1er février 2017, la Chancellerie adresse ainsi une curieuse requête au parquet général. Elle veut savoir si « le PNF suit une affaire de blanchiment mettant en cause un ressortissant malgache, Ravatomanga M. ? » Le parquet général transmet à la procureure financière : « Désolé Éliane, je dois te distraire de tes nombreuses préoccupations actuelles pour partir en recherche du renseignement demandé par la Direction des affaires criminelles et des grâces en TTU [traitement de toute urgence, *Nda*] : qu'est-ce que cette obscure affaire ? Je pariais sur une interrogation à propos d'un "Penelopegate" ou d'un nouveau soi-disant scandale François Fillon Conseil. Voire sur l'extension de l'enquête ; les sujets ne manquaient pas mais on n'attendait pas celle-là... » Réponse laconique quelques minutes plus tard : « Oui (...) Enquête préliminaire confiée le 10 février 2016 à l'OCRGDF [Office central pour la répression de la grande délinquance financière] des chefs de corruption, blanchiment, trafic illicite de bois de rose. » Les requêtes portent ainsi autant sur l'actualité brûlante que sur des histoires absconses qui intéressent, pour une raison ou une autre, quelqu'un qui est au pouvoir.

À l'arrivée d'Éric Dupond-Moretti place Vendôme, une liste d'une soixantaine de dossiers importants et sensibles sera établie, avec pour consigne de ne rien lui faire remonter sur ces sujets qu'il avait pu traiter du temps où il était avocat. Bon réflexe, certes, mais la liste mettra des semaines et des semaines à être constituée. Hélène Davo, la conseillère justice du président de la République, elle-même ancienne magistrate, s'interroge : « J'admets qu'il y a un potentiel conflit d'intérêts à gérer dans cette situation, à savoir la nomination d'un professionnel du secteur dans un ministère, c'est-à-dire en l'espèce avec un avocat pénaliste nommé place Vendôme. J'avais demandé, à plusieurs reprises, la liste de ses clients. Elle a été très difficile à constituer, j'ignore pourquoi. »

6

Scènes de la vie de palais
La séparation, partie 1

On dit de la justice qu'elle est le reflet de notre société. Mais peu nombreux souhaitent se regarder dans ce miroir qui n'offre pas toujours notre plus beau visage. À côté des grandes affaires qui font la une de l'actualité, il y a aussi ces millions de décisions rendues par les juges civils, pénaux et administratifs qui tentent de régir, avec le peu de moyens qu'on leur donne, la vie de la cité. Un peu plus de 32 % des affaires nouvelles, en 2020, concernaient le droit de la famille. Cette même année, 160 698 demandes relatives à la prise en charge des enfants mineurs après la séparation de leurs parents étaient tranchées par un JAF, un juge aux affaires familiales. À Paris, elles sont douze au « pôle famille » (ce sont toutes des femmes). Ce matin, elles arrivent en tirant derrière elles des petites valises contenant les dossiers qu'elles ont traités durant le week-end. À l'entrée du service, deux magistrates discutent des difficultés d'organisation pour les assises où l'une est appelée comme assesseure. La cheffe de service réfléchit à la répartition de ses dossiers en cours.

La juge attend une greffière pour commencer son audience. Contrairement à ses collègues, elle n'en a pas d'attitrée en raison d'un congé maladie qui n'a pas été remplacé. Les autres greffières du pôle se relaient pour l'accompagner, mais aujourd'hui, il y a plusieurs audiences et personne n'est libre. C'est une fonctionnaire d'un autre service qui finit par arriver, en retard : elle a mis dix-sept minutes à descendre, c'est l'heure de pointe et pour arriver au 6e, elle doit emprunter deux ascenseurs différents.

Elles se hâtent ensemble vers leur salle d'audience. Là, l'ordinateur de la greffière commence par buguer, elle ne peut pas se connecter sur la bonne interface car son code ouvre celle d'un service différent. Les premières personnes entrent avec plus d'une demi-heure de retard sur l'heure de leur convocation.

Ce sont les parents d'une petite fille d'un an pour laquelle la mère demande l'autorité parentale exclusive. Une enquête a été diligentée. « Ça dit quoi ? demande le père, qui vit en marge de la société.

— Ce n'est pas très favorable pour vous, Monsieur, répond la juge, avant de lire quelques extraits : "Histoire abandonnique… Refus de s'insérer… Difficulté à créer un lien et un environnement stable pour l'enfant…" Que pensez-vous de la demande de votre ex-femme ?

— Ben je suis pas trop pour, notamment pour les histoires de vaccin, par exemple, je suis pas pour le vaccin contre le Covid. »

La femme, très maigre, aux longs cheveux gris, se penche vers lui par-dessus son avocate : « C'est pas pour que tu la voies plus que je demande ça, c'est surtout pour sa santé. Si un jour j'ai besoin de prendre une décision pour une opération et que je sais pas où tu es ?

— Oh si c'est une question de vie ou de mort, ils la soigneront », élude le père.

L'avocate intervient : « Monsieur est un marginal, souvent SDF, c'est son choix. Mais il n'arrive pas à payer la pension. »

La juge l'interroge : « Qu'est-ce que vous seriez sûr de pouvoir payer pour votre fille ? Vous avez des revenus ? »

Il travaille comme *dogsitter*, c'est-à-dire qu'il promène des chiens pour le compte de leurs propriétaires. Après réflexion, il propose 120 euros mensuels pour son ex-compagne, qui est au RSA et vit avec leur fille dans un studio. Le jugement sera rendu dans quelques semaines. Mais il y a une difficulté avec son adresse.

« Vous recevez votre courrier au centre d'action sociale ?

— Ah non hein, on est contre toutes les institutions, avec mon collectif.

— On va vous imprimer tout de suite le papier, dans ce cas. »

C'est alors seulement que la juge se rend compte que la greffière n'a rien tapé. Stressée, cette dernière n'a pas osé dire qu'elle n'avait pas réussi à télécharger la bonne trame. Elle a pris toutes ses notes à la main.

Le dossier suivant est un divorce à l'ancienne pour lequel les deux parties acceptent le fondement juridique de leur séparation, un choix irrévocable qui nécessite la signature immédiate d'un procès-verbal – impossible, puisque les documents adéquats sont toujours inaccessibles. La juge décide d'une suspension d'audience, une employée du pôle famille va imprimer les papiers et les leur descendre. Le retard, après seulement deux dossiers, est déjà d'une heure. La greffière est au bord des larmes.

Entrent deux avocats qui viennent seulement de parvenir à un accord, juste avant l'audience. Ils l'exposent oralement – l'audience de divorce est une procédure orale. La greffière, dépassée, peine à noter tous les détails. Tout le monde s'interrompt pour lui laisser le temps, on n'entend plus que le cliquetis des touches.

L'après-midi avance. La greffière revient de la salle d'attente.

« C'est le renvoi à bref délai ? » interroge la juge.

Un renvoi à bref délai consiste à obtenir une date d'audience très rapprochée, c'est un cas prévu lorsque les enfants sont en danger par exemple. Il y en a un au rôle.

« Non, c'est un monsieur tout seul. »

Le cas met la juge à la peine : le greffe, sans doute débordé, n'a pas prévenu le mari que sa femme serait à l'étranger à la date de l'audience et qu'elle demandait un report, alors que le courrier est arrivé il y a deux mois. Le mari, qui habite à trois cents kilomètres, a dû poser une journée de congé et trouver à se loger à Paris. Il est furieux, remet tous ses documents dans une serviette, hésitant à se rebeller, peinant à identifier le responsable. Il se décide finalement à accabler son ex.

« Je perds une journée de salaire, moi, avec ça.

— Je n'ai pas le droit de vous donner des conseils juridiques, mais vous pouvez aller vous renseigner dans un point d'accès au droit sur vos possibilités.

— Je pourrai me faire rembourser ma journée ?

— Renseignez-vous, Monsieur. Moi je ne peux pas être juge et partie. »

Il sort, les épaules crispées de colère.

Une routine s'installe, les cas se suivent : une jeune femme, vingt ans de moins que son ex-mari, hébergée dans un foyer, ne réclame rien ; plusieurs demandes de renvoi dans des affaires douloureuses, parce que les enfants vont être entendus, ou parce qu'on attend les rapports d'une enquête psychosociale. Un avocat, mécontent de la requête de son confrère, qui exige un « renvoi à bref délai ».

« C'est absolument impossible, Maître, fait la juge, penchée sur ses calendriers.

— Alors, Madame le président, donnez-moi la première date.

— Oui, c'est bien ce que je fais, répond-elle sèchement.

— Dans trois mois ? Vous n'avez rien d'autre ?

— Non, Maître, si je vous propose ça c'est que je n'ai rien d'autre. »

La juge est sur le point de partir en congé maternité, mais elle ne sera pas remplacée tout de suite, par manque de moyens. En un mois, les dossiers auront le temps de s'accumuler.

Les suivants arrivent, ce n'est toujours pas le « bref délai » mais les parents de deux grands adolescents. L'homme a l'air d'un ancien punk, il est scientifique, la femme travaille dans un studio de musique. Ils n'ont pas d'avocat, ni l'un ni l'autre. Ils sont séparés depuis des années, les enfants sont en garde alternée, mais la mère demande à ce que leur résidence soit fixée chez elle. « Parce que c'est comme ça que ça se passe en réalité, ils sont chez moi tout le temps. »

Le père se prépare à répondre, ses mains tremblent, les feuilles se sont mélangées dans son dossier, il finit par hausser les épaules :

« De toute façon c'est le bordel, j'aurais dû réagir plus tôt. Voilà, faites comme vous voulez.

— Vous les voyez à quelle fréquence, vos enfants ? interroge la juge.

— À peu près tous les quinze jours. Mais ce que je veux ou pas, c'est comme pisser dans un violon.

— Vous êtes d'accord avec la demande de madame, alors ?

— Oui. »

Il regarde ses genoux, la femme, elle, droit devant, sur le vide. La juge, après leur départ : « C'est un papa qui baisse les bras, on n'aime pas trop ça. »

La requête suivante a été déposée il y a plus d'un an – les délais sont parfois très longs, et ont encore été aggravés par le Covid –, par une grande femme brune à la voix rauque de fumeuse. Elle demande une prestation compensatoire mensuelle de 6000 euros. C'est la troisième audience et son mari ne s'est pas présenté, mais l'avocat est là, l'air soucieux, et voudrait déposer ses conclusions – un énorme classeur avec des fichiers de toutes les couleurs.

« Absolument pas, Maître, on ne peut pas être représenté en conciliation, vous ne l'ignorez pas. »

L'avocat, écarlate, ébauche une forme de révérence muette.

« Il n'est pas venu parce qu'on n'a pas d'accord, c'est tout. C'est pour ça que je demande la désignation d'un notaire et d'un expert financier, explique la femme.

— Et dix mille de provision pour les frais d'instance », rajoute son homme de loi.

La juge est distraite, elle est penchée sur l'ordinateur de la greffière, elle vérifie, puis hoche la tête et annonce la date de sa décision.

Le couple suivant s'entretue par avocats interposés sur les études, suivies ou pas, de leur fille majeure, sur les revenus, réels ou fantasmés, du père à l'étranger et ainsi de suite, chaque partie accusant l'autre de faux. La juge masse discrètement son ventre tendu.

La suivante, une femme noire aux mains larges croisées sur un petit sac, perruque lisse et regard inquiet, est seule. Elle n'a pas d'avocat et n'a pas fait convoquer son ex-époux car elle a reçu le permis de citer trop tard et n'a pas compris ce qu'il fallait en faire. En raison des difficultés d'accès au réseau, il est impossible de lui en imprimer un nouveau, il lui sera adressé par la poste – mais quand ? – et l'affaire est renvoyée, avec le risque que tout recommence alors à l'identique. « Merci, Maître, qu'est-ce que ça veut dire renvoyé ? » demande doucement la femme.

Plus tard, la greffière revient de la salle d'attente :

« Il y a un monsieur dont l'enfant est convoqué à 14 heures.

— Ben vous lui dites qu'il n'a rien à faire là », fait la juge, furieuse.

Lorsqu'ils en font la demande, les enfants à partir de sept ans peuvent être entendus dans les affaires de garde. Ils sont alors assistés par un avocat et les parents ne sont pas présents. Le compte rendu de l'audition est consultable par la famille, sur demande, au greffe. C'est une politique de service, cela ne se passe pas de la même façon dans tous les tribunaux.

L'affaire suivante, l'avant-dernière, concerne un bébé de deux mois, c'est enfin le bref délai qu'attendait la juge. Elle commence par rappeler à l'ordre un avocat : « Maître, vous n'avez pas de masque ? »

L'avocat remet son masque.

La juge : « Je vous propose de lister les points d'accord. »

Les deux avocats s'étripent aussitôt.

« Donc il n'y en a pas ? »

Les parents, séparés avant la naissance de leur fille, se sont accusés pour l'un de soustraction d'enfant, pour l'autre, de viol. La femme propose, en pleine audience, de retirer sa plainte s'il renonce à sa demande de garde. Le père, effaré, est prêt à dire oui à tout du moment qu'on le laisse voir sa fille, et même à accepter que les visites aient toujours lieu en présence d'un tiers de confiance, qu'elles ne durent qu'une heure, entre deux tétées, que l'allaitement se poursuive jusqu'à trois ans. Il faut que son propre avocat le rappelle à l'ordre et, même, le fasse taire. La juge prend des notes au bas de sa page : elle signalera au procureur pénal que la femme n'est pas sincère dans son accusation.

L'avocat du père conclut : « Pardon, Madame la présidente, mais je suis moi-même père de trois enfants, et j'aurais bien voulu voir qu'on m'impose un tiers de confiance pour m'occuper d'eux. Monsieur n'a rien fait de mal, il est raisonnable, il demande un droit de visite et d'hébergement évolutif en fonction de l'âge et du régime de son bébé. On attendra la fin de l'allaitement – enfin, qu'on ne nous dise pas à trois ans qu'il tète encore toutes les deux heures non plus. Nous pensons tous deux que la place d'un nourrisson est auprès de sa mère mais le lien avec le père est capital et doit se nouer dès les premiers temps. Mon client n'a pas vu sa fille depuis deux mois. Deux heures par semaine, c'est insuffisant. »

La juge, la main sur son ventre, souffle doucement par le nez puis annonce sa date de décision. C'est la fin de l'audience. Pour la prochaine, elle aura une autre greffière, peut-être spécialisée en correctionnelle, ou dans les baux d'habitation, et qui fera de son mieux.

7

« L'emmerdeuse » qui a confessé Bolloré

À quoi pense Vincent Bolloré en ce 26 février 2021, lorsqu'il traverse le vaste hall lumineux du nouveau palais de justice, où des gens hésitants essaient de s'orienter entre les différentes salles d'audience annoncées sur des écrans en hauteur, comme des départs d'avion dans un aéroport ? L'homme d'affaires, qui prépare la succession de son empire, négocie depuis des mois avec le parquet national financier afin de s'éviter un procès pour corruption. Il avance avec assurance, accompagné de deux dirigeants de son groupe mis en cause avec lui, et de ses avocats, parmi les meilleurs de Paris en droit des affaires. Puissance en marche, il progresse vers la salle où l'attend la première vice-présidente adjointe du tribunal judiciaire, Isabelle Prévost-Desprez, qui devrait entériner l'accord. Tout a été pesé dans les moindres détails : la peine, le montant de l'amende, les termes exacts que Vincent Bolloré utilisera pour confesser, du bout des lèvres, des faits présumés délictueux.

Depuis 2013, la juge d'instruction Aude Buresi mène une information rigoureuse sur des soupçons de corruption portant sur des marchés portuaires au Togo et au Ghana mettant en cause Vincent Bolloré et ses sociétés. Dans les affaires économiques de cette ampleur, il n'est pas rare que l'enquête dure des années, surtout lorsque les faits sont commis à l'étranger, où la collecte de renseignements est plus longue et fait l'objet de procédures complexes. Après bien des tergiversations, les investigations, poussées, conduisent les avocats de l'homme d'affaires devenu patron de médias (Canal+, CNews, Europe 1, le *JDD*, *Paris Match*…) à négocier avec le parquet national financier en vue d'obtenir une convention judiciaire d'intérêt public (CJIP) pour le groupe, et une comparution avec reconnaissance préalable de culpabilité (CRPC) – le fameux plaider-coupable – pour Vincent Bolloré lui-même, et deux de ses proches. En quelque sorte, la CJIP validera la culpabilité de la personne morale, c'est-à-dire la société, tandis que la CRPC soldera les comptes des personnes physiques : Vincent Bolloré et ses collaborateurs. Dans les grandes lignes, l'homme d'affaires admet une partie des faits qui lui sont reprochés, accepte de payer une colossale amende, en échange de quoi les poursuites s'arrêtent. La juge d'instruction, Aude Buresi, ne s'y oppose pas et, le 5 février 2021, après bientôt huit ans d'enquête, elle fixe une audience d'homologation trois semaines plus tard, au vendredi 26 février 2021. Vincent Bolloré et le PNF se sont mis d'accord sur les termes. Le milliardaire s'en sort très bien. Pas de peine de prison, aucune inscription au Bulletin 2 (B2) du casier judiciaire, ce qui lui permettra de continuer à exercer des mandats sociaux. Il va pouvoir léguer ses affaires à ses enfants sans trop hypothéquer sa réputation. La Bolloré SA, elle, devra s'acquitter de douze millions d'euros mais elle pourra retourner postuler sur les marchés publics – il faut, pour candidater, présenter une déclaration sur l'honneur de casier judiciaire vierge. Il ne reste plus qu'à obtenir l'aval d'un juge du siège, les magistrats qui rendent des décisions de justice. Ce devrait être une formalité…

Le PNF comme Bolloré se sont bien gardés de prévenir la presse. Tout doit se faire dans la discrétion, c'est d'ailleurs l'un des principaux avantages de cette procédure sans procès public, donc sans journalistes, et au cours de laquelle les secrets restent à huis clos. Officiellement, rien n'empêche quiconque d'assister à l'homologation d'un plaider-coupable. Mais dans les faits, c'est compliqué : aucune publicité n'est faite, la salle d'audience n'est pas connue, les spécialistes justice des médias de presse écrite et audiovisuelle ne sont pas informés…

Stéphane Noël, le président du tribunal judiciaire de Paris, suit ces développements de très près. La date a été choisie en fonction de son agenda. C'est lui qui valide les CJIP, les textes reconnaissent cette compétence du président du tribunal. Mais cette fois, en accord avec le PNF, il a décidé de s'occuper également de la CRPC du milliardaire breton. Sur une affaire aussi grave et mettant en cause un homme aussi exposé – Bolloré est à l'époque soupçonné de construire un empire médiatique pour faire perdre Emmanuel Macron à la présidentielle – la justice ne veut pas se louper. Tout a été pesé dans les moindres détails, notamment le fait d'homologuer les deux procédures, celle de l'homme et celle de sa société, le même jour, pour n'être pas soupçonné de tenter de protéger un homme puissant. « On trouvait qu'en termes d'image, faire la CJIP et la CRPC en même temps, c'était bien », nous confie une source au PNF. Aucune surprise n'est attendue : « Nous avions un accord de principe avec Stéphane Noël sur les peines. C'est évident. »

Le 25 février, pourtant, veille de l'homologation, Stéphane Noël renonce à en présider l'audience. L'information parvient dans l'après-midi au PNF et à Vincent Bolloré, qui sent venir la chausse-trappe. Le milliardaire en est certain : il est victime d'une intervention élyséenne pour l'empêcher de solder son passé judiciaire et ralentir son ascension dans les médias. Rien ne permet cependant de conforter une telle hypothèse. Ce qui est sûr, en revanche, c'est qu'une révolte des juges du siège est en cours. Plusieurs robes noires ont en effet découvert que le président du tribunal s'apprêtait à valider en toute discrétion la reconnaissance de culpabilité de Vincent Bolloré. Le 22 février, comme le révèle Mediapart, les magistrats de la 32e chambre, consacrée aux délits financiers, adressent ainsi un mail collectif à Stéphane Noël. Ils y expliquent craindre de « voir reprocher à la justice financière une nouvelle forme d'impunité » que donnerait à voir « l'image d'une justice à la carte pour des justiciables bénéficiant de relais politiques et/ou médiatiques ».

Le président du tribunal fait suivre le mail à la juge Isabelle Prévost-Desprez, première vice-présidente au tribunal judiciaire de Paris, et réputée incorruptible, en lui demandant conseil. « Vous en pensez quoi ? » lui demande-t-il en substance, selon des propos rapportés à un témoin. « Il ne sait pas quoi faire. Toute la journée, le mardi, il rumine », assure un juge mis dans la confidence. Et la pression continue de monter. Le mercredi matin, les magistrats de la 32e chambre avancent un nouvel argument pour s'opposer à la tenue de l'audience par le président du tribunal : Stéphane Noël fait partie du conseil d'administration du Siècle, ce club élitiste qui regroupe les grands noms médiatiques, politiques et économiques du pays et qui organise, régulièrement, des dîners thématiques. Or Yannick Bolloré, le fils de Vincent, en est également membre. Quelle image la justice renverrait-elle si elle acceptait qu'une affaire de corruption mettant en cause un patron du CAC 40 soit jugée par un magistrat appartenant à un même cercle d'influence ?

La situation a ceci d'ironique que si Stéphane Noël a été coopté, à l'hiver 2021, au sein des instances dirigeantes du Siècle, c'est justement pour servir de caution morale à une institution ébranlée par le scandale Olivier Duhamel. Le politologue, patron démissionnaire du Siècle, est alors sous le coup d'accusations d'inceste portées dans le livre *La Familia grande*, écrit par Camille Kouchner. En février 2021, les dirigeants du Siècle mettent donc volontiers en avant dans la presse l'arrivée d'un magistrat, un Monsieur Propre qui veillera dorénavant sur l'irréprochabilité de leur petit groupe. Quand un journaliste du *Point* cherche à en savoir davantage, il se voit immédiatement rassuré : Stéphane Noël, en tant que président du tribunal de Paris, n'a plus la charge de dossiers individuels. Il ne risque donc pas d'être pris dans de potentiels conflits d'intérêts…

Ce mercredi en début d'après-midi, Stéphane Noël, sous pression de ses pairs, fait machine arrière. Il hésite : peut-il conserver l'homologation de la CJIP et confier la CRPC à Isabelle Prévost-Desprez ? À lui le rôle de Père Noël, qui validerait la reconnaissance de culpabilité de la société, et à elle peut-être celui de Mère Fouettarde – Isabelle Prévost-Desprez n'a jamais caché son opposition au principe de la justice négociée. En toute fin de journée, il se décide finalement à confier les deux dossiers à la juge et en informe Christine Mée, la présidente de la 32e chambre, pour calmer la fronde. Le milliardaire breton ne le sait pas encore mais le vent vient de tourner : il y a peu de chances pour qu'Isabelle Prévost-Desprez, qui a déjà perquisitionné la tour Bolloré, il y a vingt ans de cela, dans le cadre d'une autre affaire, accepte sa reconnaissance de culpabilité. La magistrate ne croit pas en sa sincérité et est farouchement opposée à ce que la mention de la condamnation pour corruption disparaisse des casiers judiciaires. Une non-inscription au B2, dans le jargon, qui avait été âprement négociée entre Vincent Bolloré et le PNF.

Le jeudi, lorsqu'ils apprennent la nouvelle, les avocats de Vincent Bolloré se précipitent dans le bureau de la juge pour s'assurer que celle-ci ne va pas plomber leur client. Cette toute jeune sexagénaire au regard bleu et aux cheveux en bataille n'en est pas à son premier bras de fer. Elle a notamment été en charge de l'affaire Woerth-Bettencourt, qui lui a valu une mise en examen pour violation du secret de l'instruction – elle a été relaxée. La magistrate laisse les avocats croire ce qu'ils veulent.

Le vendredi 26 février au matin, une poignée de journalistes est mise dans la confidence. Ils entendent Vincent Bolloré se lever et plaider coupable pour des faits de corruption. Quelques minutes plus tard, le couperet tombe : la juge Prévost-Desprez, qui a avalé le dossier d'instruction jusqu'à 2 heures du matin, refuse d'homologuer la CRPC mais valide la CJIP tout en présentant, dans ses conclusions, Vincent Bolloré (et non la seule société) comme coupable. Elle reprend des éléments du plaider-coupable : « Les investigations ont mis en lumière un pacte de corruption. Ce pacte a été organisé par M. Bolloré, président-directeur général », écrit-elle. En résumé : Vincent Bolloré se voit renvoyé à un éventuel procès ultérieur. Le litige avec sa société, quant à lui, est soldé. À l'écoute de la motivation de la juge, les mâchoires de Bolloré se serrent de fureur. Il quitte le palais animé par une incroyable soif de vengeance.

Le PNF, lui, est abasourdi, au point de déposer – en vain – auprès de la Cour de cassation un recours pour excès de pouvoir contre la décision de la juge Prévost-Desprez. Le PNF y assure qu'elle a manifestement dépassé l'étendue de ses pouvoirs juridictionnels, notamment en introduisant dans l'ordonnance de validation de la CJIP « des éléments de nature à porter atteinte à la présomption d'innocence » de Vincent Bolloré, relate *Le Monde*.

Une guerre inédite s'ouvre entre le siège et le parquet, dans laquelle se joue la place du juge. Le 25 septembre 2021, Isabelle Prévost-Desprez participe à un colloque organisé par l'Institut de défense pénale de Marseille. Aucun journaliste n'est présent. Le public et les conférenciers sont majoritairement des avocats, comme l'ancien Premier ministre Bernard Cazeneuve, aujourd'hui associé d'August Debouzy, invité à s'exprimer sur « les enjeux de la compliance ». La magistrate se lâche. « J'ai entendu dire que vous aviez eu une homologation de CRPC à faire concernant un grand capitaine d'industrie et que… », la lance l'animateur. La juge Prévost-Desprez le coupe : « Il n'est pas si grand que ça. » Rires dans la salle. Le ton est donné pour la prochaine heure. La juge ne cache pas sa rancœur contre le parquet national financier et dénonce : « La personne morale qui bénéficie de la CJIP au final est vierge de toute condamnation et peut continuer à intervenir sur les marchés européens et internationaux. » Elle refuse aussi que le juge ne soit que la bouche du procureur et craint que la procédure de plaider-coupable ne pose un problème de constitution.

Mais elle se défend de tout caprice. Son refus d'homologuer la CRPC de Bolloré était motivé. Et elle avance que si elle devait rejuger l'affaire, elle n'homologuerait pas forcément la CJIP. La juge livre une véritable charge contre le plaider-coupable et la philosophie qui a conduit à sa création : « À mon sens, c'est une erreur absolue. » La CRPC est d'abord un outil de gestion et de statistique pour la réponse pénale. Créée en 2004, d'inspiration anglo-saxonne, cette procédure du plaider-coupable était initialement réservée au jugement des *petits délits* et devait permettre de désengorger les tribunaux de la masse des délits routiers ou des vols simples… On s'épargnait ainsi un procès et des frais, tout en conservant de bonnes statistiques de condamnation, permettant de faire croire qu'on réglait les problèmes. Et peu importe que ce soit expédié, que les justiciables ne comprennent pas eux-mêmes ce qui leur arrive, et que la vertu pédagogique de la peine en soit entachée, encourageant en cela le risque de récidive.

Mais le véritable problème est qu'en 2011, cette procédure dont les politiques avaient juré à grands cris qu'elle ne serait jamais appliquée aux délits politico-financiers, est élargie à tous les délits – sauf ceux de presse – et certaines atteintes graves aux personnes. Les hommes d'affaires et les politiques en délicatesse avec la justice vont s'y engouffrer, car cela leur permet d'être jugés discrètement, sans humiliation publique, avec des peines longuement et savamment négociées par des avocats très au fait de la procédure. Tandis que le pékin moyen, pris en flagrant délit de conduite en état d'ivresse, avouant sans trop savoir pourquoi, jugé à la chaîne dans des audiences de comparution immédiate qui durent parfois plus de quinze heures, ne bénéficiera pas des mêmes attentions. Symptomatique d'une justice à deux vitesses.

Et la magistrate, choquée qu'on puisse considérer le juge comme une simple chambre d'enregistrement, de se payer les procureurs du PNF : « Je vais vous dire franchement les choses et de manière un peu abrupte, rien à foutre (...) Et quand on parle d'aléa judiciaire, moi personnellement, ça me fait hurler. Le juge n'est pas un aléa. Je ne suis pas un aléa. D'abord, c'est quand même assez fantastique d'être considéré comme un aléa, je veux dire, c'était tellement évident. J'ai d'ailleurs été très vexée, pour ne rien vous cacher, parce que, imaginer qu'avec une proposition de peine comme ça, ça puisse passer l'homologation, je vais vous dire, je me suis dit, c'est quasiment un outrage à magistrat ! (...) Je vous le dis de cette manière-là pour bien vous faire comprendre qu'il n'y a aucun ego dans tout ça. J'ai juste, comme disent les jeunes, halluciné ! Je me suis dit : ils pensent vraiment tous que je suis devenue gâteuse. Je me suis remise en question deux heures quand même. Je me suis dit mais quand même, on leur a expliqué que c'était moi qui devais prendre ? Pour être très claire, tout le monde connaît ma position sur une certaine disposition, l'exclusion du B2 (...) Donc là, je dirais que faire un package CJIP/CRPC, quand on en est à ce stade-là, personnes physiques identifiées, visiblement ne collaborant pas du tout, du tout, du tout, à l'enquête ça ne peut pas passer. Ça ne peut pas passer, évidemment. » Selon elle, la CRPC ne devrait s'appliquer que dans le cas où le mis en cause majeur reconnaît les faits qui lui sont reprochés. Comment adapter cette exigence à un homme d'affaires qui n'aura cessé de les nier pendant les huit années d'instruction ?

Loin de s'arrêter là, Prévost-Desprez poursuit sur sa lancée : « Et je vais vous expliquer pourquoi le procureur financier fait un recours contre l'ordonnance d'homologation de la CJIP Bolloré puisque, disons les noms, nous sommes entre nous. Je ne sais pas officiellement, je n'ai jamais été avisée officiellement, qu'il y avait un recours. Premier point. Je trouve ça d'une inélégance, je vous le dis entre nous, absolue. Pourquoi ? Parce que bon j'aime bien savoir quand mes décisions sont imbéciles, j'aime bien qu'on vienne me l'expliquer en disant, ben voilà, vous avez fait n'importe quoi, on va vous expliquer pourquoi (...) D'abord, moi ça m'aide pour les décisions d'après puisque je me dis, alors là, j'ai été crétine, je ne le referai plus. »

La juge s'interroge aussi sur le fait que ce ne soit pas Vincent Bolloré qui ait fait le recours, mais le parquet national financier. C'est en effet une vraie question : pourquoi Vincent Bolloré n'a-t-il pas tenté lui-même un recours, pourquoi laisse-t-il le PNF le faire ? Car il a bien compris qu'il y avait là un enjeu de pouvoir entre le siège et le parquet, et qu'il avait tout intérêt à les laisser s'écharper sur la question. Elle poursuit : « Le résumé, c'est vraiment : je suis une vilaine fille, je suis infréquentable (...) Je suis une vilaine fille parce que j'ai attenté à la présomption d'innocence de M. Bolloré. Alors ça, c'est une phrase qui peut servir à des poursuites disciplinaires. Je vous le dis immédiatement comme en ce moment, c'est un peu à la mode. »

Après plus d'une heure de conférence, Isabelle Prévost-Desprez résume son propos : « La conception actuelle que je sens émerger, c'est que finalement le juge, vous m'excuserez par avance, mais c'est exactement comme ça que ça m'a été dit, c'est en l'occurrence "l'emmerdeuse". Voilà qu'on [le PNF, *Nda*] travaille, on négocie, qu'on discute pense-t-on à pied d'égalité avec un capitaine d'industrie, on arrive à quelque chose de joli, normalement ça devrait passer et ça passe pas (...) J'en suis désolée mais la réalité, c'est que ce n'est pas le procureur qui décide. » Les magistrats, ironise la juge, ne doivent pas, sous la pression, refuser d'homologuer des CRPC car il s'agit de grands patrons du CAC 40 : « Peut-être que j'ai une vision tout à fait déplacée des choses et archaïque, mais je pense qu'un dirigeant de société, ça se remplace. Il y a plein de gens compétents et des gens compétents et honnêtes, je suis certaine qu'il y en a dans les dirigeants d'entreprise. » Et la première vice-présidente du tribunal judiciaire de Paris de poser cette question : « Ces dirigeants de société qui ont commis des actes de corruption à l'étranger (…) Bon franchement, quel est le souci de les virer ? Je veux dire, un dirigeant de société qui est dans la corruption, qui met en danger son entreprise (…) Quel est le problème de le virer ? »

Dans cette longue intervention, la magistrate ouvre un débat : celui de l'utilisation de la CRPC dans des affaires politico-judiciaires. Sans le nommer, elle évoque aussi le cas de l'homme d'affaires Marc Ladreit de Lacharrière qui, en décembre 2018, avait reconnu sa culpabilité en marge de l'affaire Fillon, rendant très difficile l'exercice des droits de la défense de l'ancien Premier ministre et candidat à la présidentielle, lequel jurait son innocence. La reconnaissance de culpabilité de l'un, pour le bien de son entreprise, aura nécessairement un impact sur les autres mis en examen. Car s'il était évidemment de l'intérêt de Marc Ladreit de Lacharrière, patron d'une des rares licornes françaises (une entreprise valorisée à plus d'un milliard de dollars, non cotée en Bourse et non filiale d'un grand groupe), de tirer rapidement sa société d'embarras au prix d'une petite reconnaissance de culpabilité, il n'en allait pas de même pour le candidat à la présidentielle, qui aurait dû bénéficier de la présomption d'innocence jusqu'à son procès.

Le plaider-coupable de Bolloré est sans doute mort dans l'œuf à l'instant où la juge Prévost-Desprez a été chargée de son homologation. Au temps pour le principe d'égalité devant la loi. On peut donc tuer un dossier, ou au contraire le faire prospérer, en choisissant son magistrat.

8

Scènes de la vie de palais
Sous tutelle

Une des deux portes-tambour du tribunal est cassée depuis plusieurs semaines, l'autre tourne très lentement, la file d'attente s'étire sur le parvis. Une femme s'énerve à l'accueil qu'on ne la laisse pas passer avec sa gamelle. « Avec un couteau, c'est non.

— Mais gardez-la-moi alors, je la reprends en sortant.

— C'est non, vous sortez avec votre couteau et vous revenez sans.

— Mais il faut bien que je mange, je vais au travail après. »

Personne ne tourne la tête au bruit de cet accrochage, les employés du tribunal passent d'un pas assuré, les avocats enfilent leur robe en se hâtant vers leurs rendez-vous, les gens convoqués pour des audiences errent, l'air inquiet ou morose, en tentant de s'orienter. Un groupe de futurs contrôleurs RATP est là en troupeau pour une prestation de serment.

Au premier étage, c'est le bureau des tutelles des majeurs. Un vieil homme en souliers éculés croyait avoir rendez-vous. La personne de l'accueil lui montre la bonne date sur sa convocation, dans six mois. « Alors aujourd'hui je n'ai rien ?

— Non, aujourd'hui vous êtes libre, Monsieur.

— Ah très bien, je vous remercie pour votre gentillesse. Je serai pas venu pour des prunes au moins. »

Il ramasse une valise d'où dépassent des vieilles feuilles de papier journal, coince un panier en osier sous son bras, et s'en va d'un pas lent, en parlant tout seul.

Dans le bureau de la juge, il fait particulièrement froid. Elle porte une grosse écharpe, sa greffière une petite doudoune. Il est interdit de brancher tout appareil électrique – ni bouilloire ni, bien sûr, radiateur. Le principe d'autorégulation thermique de ce bâtiment flambant neuf fonctionne mal, en particulier dans les pièces avec fenêtre, ce qui est le cas ici où la grande baie vitrée porte la trace de ce qui ressemble à des impacts de balle. On entend siffler le vent à travers le plus gros. De l'autre côté des vitres, les voitures filent sur le périphérique embouteillé sous un ciel nuageux. « C'était pendant les manifestations, au moment du procès des policiers dans l'affaire Théo, on s'est pris des jets de pierres. Ça n'a pas été réparé et ça ne le sera jamais, comme tout ce qui se casse ici. » Le nouveau tribunal est un partenariat public-privé, c'est-à-dire qu'il fait l'objet d'un contrat d'entretien entre l'État et une entreprise, en l'occurrence Bouygues. Chaque réparation est facturée au prix fort. Et comme le ministère ne paie pas ses factures… Alors qu'il n'a que trois ans, des toilettes sont déjà condamnées, des gaines de ventilation disjointes, les incidents se multiplient à chaque étage, il fait trop chaud l'été, très froid l'hiver, et l'ensemble est un gouffre financier. Les magistrats, à Paris, ne font souvent que passer. Quelques années, dans le cours d'une carrière. Et que dire des greffiers.

Ils sont douze juges aux tutelles, comme on appelle le service de protection des majeurs. Chaque semaine, ils mènent deux à trois demi-journées d'audition. Les autres jours, ils rédigent leurs jugements – entre 1 200 et 1 600 mesures sont prononcées chaque année. Cette activité occupe environ 60 % de leur temps. Le reste, ils le consacrent à la justice civile : baux d'habitation – des impayés en général – et surendettement principalement. Ils sont, également, assesseurs aux comparutions immédiates une fois par mois. L'audience du samedi est unique (tous les autres jours de la semaine, il y en a deux). Celle de la veille, commencée à 13 heures, a duré jusqu'à 6 heures du matin. En plus de la question des conditions de travail que cela pose pour les magistrats, les greffiers, la police, on s'interroge : est-on jugé de la même façon en plein après-midi qu'à l'aube par un juge éreinté ? La présidente d'audience a en tout cas été convoquée, selon le bruit qui court ce matin, par le président du tribunal pour s'expliquer sur ces horaires.

La juge a repris il y a quelques mois un cabinet longtemps resté vacant. « On est très mauvais : mauvais sur les délais de convocation – on met neuf mois à recevoir les gens –, mauvais sur les délais de décision. J'ai mis un an à regagner un mois sur le retard dans les dossiers. Si l'une de nous deux tombe malade, ma greffière ou moi, en une semaine, on perdra tout. On mettait un an à statuer, l'année dernière, on a réussi à faire descendre à dix mois. À la force du poignet. Et c'est toujours beaucoup beaucoup trop long. »

Le nombre de dossiers a explosé depuis la pandémie de Covid. La misère sociale, c'est aussi ici qu'on la voit. Isolement, urgence sanitaire, pauvreté, dégradation psychique et mentale… Chacun des dossiers entassés sur le bureau, par terre contre le mur, dans l'armoire, est le récit d'une urgence humaine. En audition, ils bénéficieront de vingt minutes d'attention, et le jugement sera rendu selon une trame préétablie. La frustration des magistrats est patente.

L'audience commence, elle sera faite d'ouvertures de dossier, de prolongements de mesure et, cas beaucoup plus rare, de mainlevée, c'est-à-dire de fin de la tutelle. Les juges sont saisis par les familles ou par le procureur. Un rapport médical d'un médecin habilité doit d'abord confirmer l'altération des facultés mentales et/ou physiques de la personne.

Un homme blanchi par l'âge est venu avec son fils, un colosse qui fuit le contact visuel et ne jette que de brefs regards, méfiants et brillants d'intelligence, sous ses paupières un peu lourdes. Le père, qui approche des quatre-vingts ans, s'inquiète de l'avenir. Qui s'occupera de son enfant quand il ne sera plus là ? Il voudrait mettre en place une solution qui leur convienne à tous les deux, avant de ne plus pouvoir le faire « soit parce que je serai très malade, soit parce que je serai mort ». La juge écoute avec attention, pose des questions. Le fils répond sans détour. Il a décompensé il y a des années, alors qu'il poursuivait de hautes études, et souffre depuis de troubles psychiatriques sévères. Il décrit sa dépression comme une compagne imprévisible. « Je sais que je ne vais pas bien quand je ne peux même plus lire.

— Et en ce moment ?

— Je ne lis pas. »

Lui aussi voudrait voir désigner un curateur professionnel du vivant de son père, pour pouvoir s'y habituer. La juge parle des différentes possibilités. « Une mesure est toujours temporaire. Si les troubles disparaissaient…

— Oh, ça n'arrivera pas », répond doucement le fils en regardant ses pieds.

Elle ne peut pas nommer quelqu'un en avance, c'est une mesure qu'elle devra prendre en urgence, au décès du père. Ce dernier fait signe qu'il comprend. La greffière relit leur audition, ils écoutent et corrigent des détails, puis elle l'imprime et la leur fait signer. La curatelle est prolongée pour cinq ans, le père aura quatre-vingt-deux ans quand elle s'achèvera.

Une femme, maigre, épuisée, hébétée, entre, seule. Son mari, médecin, souffre d'une maladie neurologique dégénérative qui le démolit. Il entend des voix, est devenu paranoïaque, incontrôlable. Il vit dans un Ehpad, à titre définitif, et a laissé derrière lui un chaos administratif dont sa femme n'arrive pas à se sortir. La maladie a sans doute commencé il y a des années, sans être tout de suite identifiée. Il n'a fait aucune démarche pour toucher sa retraite. Son épouse, enseignante, croule sous les charges, ne parvient pas à payer l'Ehpad ni à faire face à son propre loyer. Elle craint de tout perdre et, en parlant, elle tord ses mains sans quitter la juge des yeux. Elle voudrait prendre un appartement plus petit, mais quand son mari parle de rentrer à la maison, c'est à celui-là qu'il pense, qu'il se raccroche, alors elle recule l'échéance. La juge, si le fils unique du couple en est d'accord, va accorder à la mère l'habilitation familiale, la moins contraignante des formules.

Une jeune femme se présente, elle demande la tutelle de son père. De question en question se dessine une histoire familiale brisée, des abandons, une longue recherche avant de retrouver un homme diminué, malade, souffrant de psychose et de troubles cognitifs. Elle voudrait l'installer dans un établissement près de chez elle, en province. La juge rendra sa décision plus tard, elle n'a pas tous les éléments, ne comprend pas les motivations de la jeune femme et s'inquiète pour le père, qui serait alors séparé de sa compagne. « C'est un père, mais c'est aussi un époux », avertit-elle.

La greffière jette un coup d'œil au rôle tandis que la juge, avec des lingettes imbibées de gel hydroalcoolique, désinfecte les sièges. « Il y en a un qui va sentir mauvais, Madame la juge.

— Ah, un incurique. Très bien, allez le chercher. »

Mais il ne s'est pas présenté, après quelques recherches, elles apprendront qu'il a été hospitalisé. À la place, un célibataire tunisien, hébergé à l'hôtel, entre accompagné de son curateur professionnel qui travaille pour une association.

« Mettez bien votre masque, Monsieur, s'il vous plaît.

— C'est pour que vous voyiez mon visage, pour être sûr que c'est bien moi.

— Alors, comment ça se passe, cette tutelle ?

— Bien, bien, je vous remercie. Je m'occupe en allant à l'hôpital, je vais saluer des copains, ça passe le temps.

— À l'hôpital ? Je ne comprends pas. Quel hôpital ?

— À Sainte-Anne, ça m'occupe. Je vais boire un café, je passe. Je suis suivi là-bas, c'est là qu'on me fait les piqûres tous les mois. Mais le problème, c'est l'argent. »

Il reçoit 100 euros par semaine et en voudrait 120. Il n'a comme ressources qu'une allocation handicapé et une prime de solidarité versée par la ville de Paris. Il a été hospitalisé cinq mois à l'isolement, et toutes ses affaires, laissées dans sa chambre d'hôtel, ont disparu en son absence. La juge regarde le jeune homme de l'association d'un air interrogatif.

« Ce n'est pas mon dossier, je remplace une collègue qui est malade. Je ne suis pas au courant de cet incident. »

Le majeur protégé vole à son secours.

« Oh non non, la nouvelle personne qui s'occupe de moi est super gentille. C'est la dame d'avant qui n'était pas bien, elle ne faisait rien. »

La juge, penchée sur ses papiers : « Vous consommez toujours du cannabis ?

— Non pas trop mais pourtant, vous savez, j'en ai besoin. J'ai la solitude, moi. »

La greffière relit puis imprime, il signe et applaudit : « On a signé pour cinq ans là, bravo ! »

Plusieurs associations gèrent les tutelles et les curatelles, elles sont de qualité très variée, mais la plupart, surtout les plus fiables, sont surchargées. Les nouveaux dossiers sont distribués à celles qui restent, même lorsqu'on sait que le travail n'y est pas accompli sérieusement. Le moyen de faire autrement ? La juge fait défiler la liste des curateurs professionnels, cherchant un chiffre en vert signifiant qu'il y a encore de la place, en vain. Et le dossier suivant ne fait que confirmer la situation. La juge a été alertée sur le cas d'un majeur dont la tutelle a été confiée à un cabinet. Le médecin chargé de refaire son certificat médical, ne parvenant pas à le joindre, s'est déplacé et l'a trouvé dans un hôtel insalubre, apparemment sans électricité, dormant sur un matelas souillé et se nourrissant de boîtes de conserve froides.

La curatrice se présente, seule. La juge lui lit la lettre du médecin. La curatrice, sans se troubler, dit qu'elle l'ignorait.

« Alors cette mesure de protection ne sert à rien, lâche la juge, glaciale.

— Je vous ai apporté le certificat médical.

— Mais je l'ai, le certificat médical, c'est ce que je viens de vous lire.

— Ah ? Je croyais qu'on ne l'avait pas reçu alors j'en ai fait faire un autre. »

La juge blêmit. Tous les actes sont à la charge des personnes suivies, y compris le certificat médical, facturé 175 euros.

« Vous voulez dire que vous avez réengagé une dépense de 175 euros sur le compte de ce monsieur qui vit avec le minimum retraite ? »

La rage est perceptible dans sa voix, la curatrice ne répond pas. La greffière lui jette un coup d'œil par-dessus son écran.

« Quand avez-vous vu monsieur pour la dernière fois ?

— Euh, je n'ai pas eu l'occasion de le rencontrer.

— Vous le suivez depuis quand, ce majeur ? »

La juge fouille dans le dossier, puis répond à sa propre question.

« Six mois ? Et vous ne l'avez jamais vu ? Vous êtes débordée de travail ? Je ne comprends pas, c'est un majeur qui est isolé, qui a besoin d'aide. Quand je pense que vous avez réengagé une telle dépense… Il faut aller voir cet hôtel, là, ce que c'est. J'ai l'impression que c'est un marchand de sommeil. Il faut le tirer de là, votre majeur. C'est un vieux monsieur qui a besoin de vous. »

Après le départ de la curatrice, la juge s'absorbe à nouveau dans le tableau des disponibilités des associations, l'air sombre.

La plus grosse partie du budget du ministère part à la pénitentiaire, ce qui reste va aux juridictions et c'est une peau de chagrin. Éric Dupond-Moretti se félicite d'avoir créé des postes de juristes assistants, qui n'ont pas vraiment de formation, quand il faudrait davantage de magistrats et de greffiers. Et des stylos, du gel hydroalcoolique… Entre deux auditions, la juge échange quelques souvenirs avec sa greffière, elles évoquent des journées où il n'y avait plus de papier pour notifier les jugements.

Les parents de Jonathan ont demandé le placement sous tutelle de leur fils. Il a trente-huit ans, en paraît vingt, engoncé dans une grosse doudoune. Son élocution est un peu ralentie par les injections qu'il reçoit tous les quinze jours d'une molécule qui permet de maintenir sous contrôle sa psychose schizophrène, mais qui l'assomme littéralement. Les parents sont déjà venus voir la juge, ce sont des gens modestes, qui ont travaillé toute leur vie et élevé trois garçons. Aujourd'hui, l'un fait des études coûteuses à l'étranger, l'autre est dans la délinquance, comme ils l'ont indiqué pudiquement, et il leur reste ce garçon qui dépense tout son argent, et le leur, en alcool et en achats compulsifs, et dont ils ne savent plus que faire. Ils ont peur de ses colères. Ils voudraient rentrer au pays, dans l'île où ils avaient prévu de couler une retraite paisible. Mais ils sont désormais tellement endettés qu'ils ne peuvent pas. Aujourd'hui, la mère a préféré rester dans la salle d'attente.

« Qu'est-ce que vous en pensez, de la demande de vos parents ?

— Pas trop de bien, répond-il, la voix pâteuse.

— Pourquoi ?

— Je peux gérer moi-même mes sous. »

La juge lui fait la morale : « Vous savez que vos parents ont des difficultés. Ils paient tout pour vous et vos frères.

Ils paient aussi vos dettes. Ils sont âgés, c'est trop dur. Vous n'aimez pas travailler ?

— Si, mais je trouve rien.

— Écoutez, sur votre allocation handicapé, il y a une partie qu'il faut donner à vos parents pour les aider. Je pense que je vais désigner quelqu'un pour vous aider à mieux gérer tout ça, mais ça ne sera ni votre papa, ni votre maman. Vous êtes d'accord ? Est-ce que vous prenez toujours des drogues. Je lis crack, cocaïne...

— Non, j'ai tout arrêté.

— Tout seul ?

— Oui.

— Non, on n'arrête pas tout seul. Il faut que vous vous fassiez aider. Vous pouvez vous en sortir. Vous pouvez vous faire une vie. Tout remettre en place, trouver du travail, et aider vos parents. Vous aimeriez ça ? »

Silence.

« Je vais prononcer une mesure pour cinq ans.

— Pourquoi pas seulement un an ?

— Si ça va mieux avant et que vous me le dites, on arrêtera. »

Quand vient l'heure du dernier dossier, un concert de klaxons déchire le soir d'hiver, les phares filent sur le périph, s'enfonçant dans la nuit. Un homme entre dans un fauteuil roulant qu'il manipule avec aisance grâce à une manette placée près de sa bouche. Il y a vingt ans, il a été victime d'un très grave accident de la circulation. Il a passé des mois en réanimation, entre la vie et la mort, et a finalement emporté la partie. Mais il en est resté entièrement paralysé. Seul son visage est mobile. Un de ses cousins gère sa tutelle. Depuis, l'homme s'est battu pour se refaire une vie. Il est devenu psychologue et travaille dans un centre pour adultes handicapés. Grâce à l'argent de l'assurance, il a pu acheter le matériel sophistiqué dont il a besoin pour être autonome, et il salarie quatre personnes pour l'aider. Mais le plus important, c'est qu'il y arrive. Son curateur et lui ont écrit chacun une lettre pour demander la suppression de la tutelle. « C'est un chemin extraordinaire qui a été accompli », dit le cousin en s'asseyant.

« Je ressens aujourd'hui une blessure à l'idée de cette curatelle, malgré l'excellence de nos relations. À la fois en raison des petites contrariétés que cela engendre parfois dans les actes administratifs. Mais, aussi, par la violence symbolique que représente cette mesure. Je voudrais vivre ma vie sans qu'on s'y immisce.

— Je vais accéder à votre demande, Monsieur. La vie privée est une forteresse dans laquelle les magistrats n'ont pas à entrer, quand tout va bien. »

Il souffle, sourit. Son cousin aussi. La greffière relit, ils écoutent. Pour signer, il prend le stylo dans sa bouche et le cousin positionne la feuille sur un support rigide. Il trace quelques lettres. C'est fini.

Finalement, c'était une bonne audience, se dit la juge. Les mainlevées sont rares. Le sentiment de remplir pleinement son rôle aussi.

9

L'indépendance, une affaire d'hommes

« L'indépendance est avant tout une affaire d'hommes. » La réponse est toujours la même dans la bouche des juges que nous avons interrogés. N'est indépendant que celui qui le veut vraiment, qui ne se soucie pas des souhaits de l'exécutif ou de sa propre carrière et se concentre sur le seul intérêt du justiciable. Autant de paroles vaines dans un monde idéal : le système tout entier est fait pour que la justice n'échappe pas au pouvoir politique. Les gardes des Sceaux successifs ont beau annoncer, mandat après mandat, une réforme du statut de la magistrature, leur promesse n'est jamais tenue. Le cordon ombilical entre les magistrats et le pouvoir politique n'est pas coupé en France. « Je veux avancer sur un projet qui me tient à cœur, l'indépendance de la justice. Je souhaite être le garde des Sceaux qui portera enfin lors d'un congrès, la réforme du parquet tant attendue », avait dit Éric Dupond-Moretti lors de sa prise de fonction, à l'été 2020. Six mois plus tard, auditionné par la commission d'enquête de l'Assemblée nationale sur les obstacles à l'indépendance de la justice, le garde des Sceaux se montre beaucoup plus mesuré. Guère favorable à accorder au Conseil supérieur de la magistrature (CSM) un pouvoir de proposition pour les postes de procureurs et procureurs généraux. Et opposé à ce que tout magistrat puisse saisir le CSM s'il estime son indépendance ou son impartialité menacées…

Les magistrats du siège (les juges, chargés de dire le droit en rendant des décisions), comme les présidents de tribunaux, sont aujourd'hui nommés par le président de la République sur avis conforme du Conseil supérieur de la magistrature. Au parquet (où travaillent les procureurs, chargés de l'action publique), les choses sont différentes. Les magistrats qui occupent les postes les plus prestigieux doivent passer un entretien au ministère de la Justice, voire pour certains directement à l'Élysée. Selon un conseiller d'Emmanuel Macron, ce dernier a ainsi reçu en personne et pendant une heure Laure Beccuau, avant que celle-ci ne soit nommée, à l'été 2021, procureure de Paris. « Derrière, c'est respect total de l'indépendance, assure le même conseiller. Simplement, le président s'intéresse à tout. » À l'en croire, le fait que les magistrats soient étiquetés à droite ou à gauche importe peu au chef de l'État. Mais il est « très attaché à une justice ouverte sur le monde et encourage les mobilités ». Il « suit de près les nominations » et l'assume : « Il considère que les leviers de changement dépendent beaucoup des hommes. » Pour le reste, la justice est un monde étranger à Emmanuel Macron qui prend garde de ne commettre aucun faux pas. « Un président aimé par les juges, ça n'existe pas », sourit-on dans son entourage.

Un procureur général, qui a lui-même eu un entretien informel avec l'Élysée avant de prendre ses fonctions, confirme : « D'habitude, l'intérêt du politique se porte principalement sur les grands postes parisiens : procureur général près la cour d'appel de Paris, procureur de Paris, procureur national financier. Mais on dit aujourd'hui que Macron a l'œil sur toute la hiérarchie judiciaire, la couronne parisienne, Marseille, Lyon. » Pour les postes plus modestes – substitut, vice-procureur, juge d'instruction, juge aux affaires familiales, juge des libertés et de la détention, etc. –, un dialogue de gestion des ressources humaines existe. La Chancellerie établit chaque année ses besoins, en concertation avec les chefs de juridiction, et ouvre des postes selon des critères pas toujours évidents à cerner. Il n'est ainsi pas rare que l'ancienneté ou le grade soient relégués au second plan pour privilégier la candidature de tel ou tel magistrat en faveur, ce qui a le don d'exaspérer les syndicats.

Un projet de mouvement des magistrats, bien mal nommé « transparence », est ensuite publié, lequel comprend toutes les propositions faites par le ministère de la Justice, juridiction par juridiction. Celles-ci sont ensuite examinées par le Conseil supérieur de la magistrature, lequel rend un avis que le ministère a l'obligation de suivre pour les juges du siège, et qui n'est que consultatif pour les procureurs. Depuis le passage de Christiane Taubira place Vendôme, et pour éviter les crises institutionnelles, les gardes des Sceaux ne passent cependant plus en force et s'y conforment toujours. En réalité, c'est bien en amont que les tractations ont lieu et le CSM valide 99 % des préconisations qui lui sont soumises. En 2019, quelque 1 900 magistrats ont ainsi changé de fonction au sein des juridictions. Pour les plus hautes places, il n'y a « aucun process », assure un procureur général. Tout est à la discrétion du politique. Alors quand on apprend, par le bouche-à-oreille, qu'une position va se libérer, on passe quelques coups de fil en cabinet, en administration centrale, à tel magistrat côtoyé dans ses plus jeunes années en juridiction ou sur les bancs de l'École nationale de la magistrature et dont on sait qu'il a l'oreille du ministre ou de telle autre personnalité influente.

À ce petit jeu, certains ont le bras long. Très long. Jean-Louis Nadal, par exemple, marqué à gauche, ex-procureur général près la Cour de cassation et ancien président de la Haute Autorité pour la transparence de la vie publique, a, des années durant, fait la pluie et le beau temps sur la magistrature. Jean-Claude Marin ou Gilbert Azibert, condamné en première instance pour trafic d'influence dans l'affaire Bismuth, en ont fait de même sous les gouvernements de droite. Les déçus, ceux qui n'obtiennent pas la charge convoitée, ont toujours la possibilité d'adresser un recours au Conseil supérieur de la magistrature. Un courrier très hypocrite qui consiste à ne pas écorner la réputation du candidat choisi, tout en mettant en avant ses propres qualités. Ces recours ne conduisent que très rarement le CSM à modifier son choix. « Mais il nous encourage cependant à en faire, témoigne un haut magistrat. Car il peut ensuite faire des recommandations. » Le CSM écrira au garde des Sceaux pour lui signifier que la situation de tel ou tel magistrat « lui paraît digne d'intérêt pour un prochain mouvement », selon la formule consacrée.

En 2018, Marc Cimamonti, ex-procureur de Lyon, a ainsi les faveurs de la ministre Nicole Belloubet pour prendre la succession de François Molins à la tête du parquet de Paris. L'Élysée s'immisce dans l'affaire et fait part de ses réticences, au point que c'est finalement Rémy Heitz, le directeur des affaires criminelles et des grâces de la Chancellerie, qui est choisi. Cimamonti obtient un très beau lot de consolation : le parquet général près la cour d'appel de Versailles. En coulisses, il se murmure qu'il paie le fait d'avoir ouvert, en juin 2018, alors qu'il était en poste à Lyon, une enquête préliminaire des chefs de détournement de fonds publics, abus de biens sociaux et financement irrégulier de la campagne électorale d'Emmanuel Macron. L'enquête a ensuite été classée par le successeur de Cimamonti sans que personne s'en émeuve.

En cause : le fait qu'un certain Jean-Marie Girier se soit consacré à la campagne électorale du candidat Macron alors même qu'il était embauché par le maire de Lyon, Gérard Collomb, en tant que chef de cabinet. À l'époque, les magistrats ont toutes les peines du monde à mobiliser sur ce dossier la police, qui ne se montre pas des plus coopératives. L'enquête permet toutefois d'établir que c'est Jean-Marie Girier en personne qui s'est occupé, sur son temps de travail, de la location d'une péniche pour un rassemblement En Marche ! à Lyon. C'est encore lui qui a proposé, courant août 2016, toujours sur son temps de travail, à l'équipe de campagne du candidat Macron, « la mise à disposition de locaux (...), d'une assistante à temps plein et de moyens informatiques ». Une initiative qui ne sera finalement pas concrétisée suite aux réserves émises par la direction juridique de la métropole.

Pour les enquêteurs, Jean-Marie Girier a eu un « rôle certain » au sein du mouvement En Marche ! dès avril 2016, aussi bien « personnel (lecture, relecture, correction de notes, discours, organisation de déplacements) que relationnel (mise à disposition et sollicitation des cadres et élus socialistes proches de Gérard Collomb) ». Dans ses démarches, l'homme utilisait toujours son ordinateur de la métropole et son adresse mail professionnelle. Le 13 janvier 2020, le successeur de Marc Cimamonti au parquet de Lyon renonce toutefois à poursuivre. Monsieur Girier a pris le soin de poser des RTT pour accompagner le candidat dans ses déplacements et n'a pas, grâce à une « très grande puissance de travail » vantée par des témoins, délaissé ses fonctions à la ville de Lyon, assure le magistrat. « Son activité au sein de la métropole demeurait conséquente », écrit le parquetier, selon lequel aucun détournement de fonds publics n'a donc été commis.

La décision fera tousser de nombreux opposants à Emmanuel Macron, parmi lesquels Jean-Luc Mélenchon. L'homme politique d'extrême gauche, qui fait lui-même l'objet d'une information judiciaire suite à des soupçons d'irrégularités pesant sur sa campagne de 2017, ne manque pas, à l'époque, de souligner que le nouveau procureur de Lyon venait d'être décoré au moment où il a rendu son classement : « Décidément, la macronie distribue les légions d'honneur avec un rare sens de l'à-propos », tweete-t-il, acerbe.

Pour être réellement indépendant, encore faut-il en renvoyer l'image. Les propositions du Syndicat de la magistrature aux fins d'interdire aux juges et procureurs d'être décorés et de porter leurs décorations, sont jusqu'à présent toujours restées lettre morte.

10

Soumissions

Il bouscule les policiers, tente de forcer la porte et hurle dans le couloir, le doigt pointé vers le visage d'un représentant des forces de l'ordre : « Ma personne est sacrée ! », « Vous ne me touchez pas ! », « La République, c'est moi ! » La scène, entièrement filmée, est surréaliste : Jean-Luc Mélenchon, le leader insoumis, face à une série de perquisitions à son domicile et dans les locaux de son parti, sort de ses gonds. Sous l'œil des caméras, hors de lui, il éructe, violent aussi bien verbalement que physiquement. Ces faits lui vaudront une condamnation à trois mois de prison avec sursis pour « rébellion, provocation directe à la rébellion et intimidation envers des magistrats et des dépositaires de l'autorité publique »... ainsi qu'une chute vertigineuse dans les sondages. Interrogé, un juge d'instruction parisien ne se montre guère surpris : « Dans les dossiers politiques, nous subissons toujours le même discours. On dit de nous que nous sommes aux ordres, des juges politiques, des marionnettes de Macron. C'est toujours très vindicatif. » Pour ce magistrat chargé de plusieurs dossiers dits « sensibles », il y a une vraie « immaturité politique » en France vis-à-vis de la justice.

« Il n'y a pas de culture de l'État de droit, poursuit notre source. C'est d'ailleurs la stratégie de Sarkozy depuis dix ans : tenir des discours de plus en plus complotistes vis-à-vis de la justice. » Laquelle chercherait à se payer des hommes de pouvoir... Cette tactique ne vise pas à obtenir un résultat judiciaire – Nicolas Sarkozy et François Fillon, qui l'ont adoptée, ont tous deux été condamnés à des peines sévères – mais à convaincre l'opinion qu'il existerait un gouvernement des juges. Auprès de leur électorat, les politiques rendent leurs condamnations acceptables, presque normales. Courageuses, même. Puisque les juges attaquent, il faut bien répliquer. Ainsi, les condamnations judiciaires n'hypothèquent plus leurs chances d'être réélus. Les mises en examen deviennent banales. Peu importe la corruption.

La façon dont sont conduites les enquêtes préliminaires, en fonction des partis politiques visés, continue cependant à faire couler beaucoup d'encre dans la presse. En novembre 2018, des investigations sont lancées pour trouver l'origine de 144 000 euros de dons anonymes versés au parti présidentiel La République en Marche. Pendant trois ans, le procureur de Paris refuse catégoriquement de communiquer sur ce sujet avant d'annoncer, en plein cœur de l'été 2021, un classement sans suite et deux rappels à la loi... Personne n'a jamais rien su des investigations qui avaient été menées. De quoi alimenter les hypothèses les plus défavorables d'autant que le parquet, pourtant généralement peu avare de commentaires, n'a même pas voulu, a minima, confirmer les informations des journalistes.

Mélenchon, on l'a vu, n'a pas été soumis au même régime. En octobre 2018, « le parquet a fait ce qu'on appelle des "perquisitions pour voir", explique un magistrat du siège au fait de la situation. Cela signifie qu'on ne sait pas ce qu'on cherche et qu'on rafle tout ». Le résultat est catastrophique : Mélenchon hurle contre des procureurs à la solde du pouvoir et exige la nomination de juges d'instruction, statutairement indépendants. Quand ceux-ci seront nommés, ils mettront plus de deux ans à exploiter tous les documents saisis, renvoyant malgré eux l'image d'une justice lente et instrumentalisée. Le prestataire logistique de la France insoumise sera finalement mis en examen pour prêt illicite de main-d'œuvre, une infraction qualifiée de mineure par le leader du parti, effectivement bien moins grave que le financement illégal de campagne. Ces méthodes, ces perquisitions à l'aveugle au sein d'un parti de l'opposition donnent un sentiment désastreux. La « justice spectacle » s'exerce au détriment de tout le monde, sauf de ceux qui sont au pouvoir.

Les manquements à l'indépendance ont un effet dévastateur dans l'opinion publique et sont susceptibles d'alimenter la crise de confiance des Français à l'égard de la justice. Le temps n'est plus aux interventions extravagantes, comme en 1996, lorsque le garde des Sceaux, Jacques Toubon, dépêchait en urgence un hélicoptère dans l'Himalaya pour trouver le plus rapidement possible le procureur de l'Essonne qui y était parti en vacances. La situation pressait : le numéro 2 du parquet avait profité de l'absence de son supérieur, qu'il n'aimait guère, pour ouvrir une information judiciaire contre Xavière Tiberi, épouse du maire de Paris…

On assiste cependant, aujourd'hui encore, à des démonstrations flagrantes du manque d'indépendance des magistrats, bien qu'elles soient moins spectaculaires. En mars 2019, le procureur de Nice, Jean-Michel Prêtre, donne une conférence de presse sur le cas de Geneviève Legay, une Gilet jaune blessée lors d'une manifestation à l'occasion d'une charge de la police. Le gouvernement est alors mis en difficulté par une intense polémique sur la violence de la répression des mouvements contestataires. Emmanuel Macron assure, dans une interview donnée à *Nice-Matin*, le 25 mars, que « cette dame n'a pas été en contact avec les forces de l'ordre ». Avant de préciser : « Quand on est fragile, qu'on peut se faire bousculer, on ne se rend pas dans des lieux qui sont définis comme interdits et on ne se met pas dans des situations comme celle-ci. »

Le jour même, Jean-Michel Prêtre embraie : « Ce dont on est sûr (…), à l'analyse des images, pixel par pixel, c'est qu'elle n'a pas été touchée par les forces de sécurité. » Quelques jours plus tard, l'enquête permet pourtant d'établir que la chute de Geneviève Legay est bel et bien due à « un geste d'écartement du bras » d'un policier. Une information judiciaire est ouverte. L'affaire devient embarrassante, d'autant plus que la presse révèle que les investigations ont été initialement confiées à une policière qui se trouve être la « compagne du commissaire ayant donné l'ordre de la charge », selon *Le Monde*. C'est un tollé. Convoqué par la Direction des services judiciaires, Prêtre concède finalement ne pas avoir voulu embarrasser le chef de l'État en livrant une version des faits trop différente de la sienne. « Le contenu de l'information [livrée à la presse, *Nda*], et notamment son caractère affirmatif et son séquençage, a été modifié pour ne pas qu'il y ait de divergences trop importantes avec ce qui avait été dit par le président de la République l'avant-veille, ce qui aurait été néfaste », lit-on dans le compte rendu de son audition réalisée par le procureur général. « Il a agi pour déplacer un curseur, pour éviter une polémique qui lui apparaissait devoir être évitée au nom de l'intérêt général », conclut quant à lui ledit procureur général, Robert Gelli, aujourd'hui directeur des services judiciaires de Monaco. Un procureur de la République, pour ne pas déplaire à l'Élysée, a donc décidé de soutenir la version du président de la République. Embarrassé, le ministère de la Justice renonce à lancer des poursuites disciplinaires contre Jean-Michel Prêtre, préférant le muter discrètement sur un poste d'avocat général près la cour d'appel de Lyon. Dans un courrier adressé à la Chancellerie, le 5 juin 2019, le procureur Prêtre estimait encore ne pas avoir été assez bien traité : « Vous m'assuriez que les conditions de cette éventuelle nomination seraient soignées pour ne pas laisser de doute sur une raison d'être sans relation avec les événements récents (...) Accepter la mutation semi-promotion qui m'est proposée serait faire la part belle aux personnes ayant pris part à une campagne de dénigrement qui, au-delà des dossiers niçois, vise en réalité toute l'institution judiciaire », plaidait-il en vain. Le magistrat reçoit néanmoins l'appui de la Conférence nationale des procureurs de la République qui dénonce, auprès de la Chancellerie, la « campagne médiatique à charge » menée contre leur collègue, estimant que « la pression qui s'exerce sur les chefs de parquet s'est considérablement renforcée dans un passé récent, sans que les moyens ne leur soient donnés de sortir de la grande solitude dans laquelle ils se trouvent en pareilles circonstances ». « Demain, chaque procureur pourrait se retrouver dans cette situation », conclut la Conférence nationale des procureurs, dans un compte rendu interne. Avant de prévenir Nicole Belloubet, alors ministre de la Justice, que dans ces conditions, « des chefs de parquet [pourraient] choisir de cultiver une mise en retrait peu en rapport avec les attentes de nos concitoyens ». La chaîne d'interdépendance entre le pouvoir et les magistrats du parquet est ici magistralement illustrée.

Les manquements à l'indépendance prennent parfois la forme d'une collusion avec des élus locaux. En janvier 2005, deux assistantes du député socialiste Armand Jung, décédé en 2019, découvrent au courrier une attestation Assedic au nom de la fille du député, correspondant à une période de travail de plusieurs mois entre septembre et décembre 2004. Or cette dernière n'a, à leur connaissance, jamais mis les pieds à la permanence parlementaire.

Choquées, les deux femmes adressent une lettre au président du groupe socialiste à l'Assemblée nationale, un certain Jean-Marc Ayrault, qui ne leur répond pas. Face à ce silence, elles prennent alors la décision de saisir directement le procureur de la République. La réplique est terrible : Armand Jung licencie ses deux assistantes pour faute grave, dépose une plainte pour vol de documents et leur domicile est perquisitionné, sans succès. L'enquête pénale sur l'emploi fictif, elle, continue et établit que pendant la période où elle était supposée travailler à l'Assemblée, la fille du député suivait en réalité des cours à la faculté de droit, puis était partie en vacances. Devant les policiers, la jeune femme indique avoir signé son contrat à son retour de congés, le 10 septembre – alors que le contrat porte la date du 7. « Il aurait donc été antidaté », supposent les enquêteurs, bientôt confirmés dans leurs soupçons par la suite de leur enquête : « Il semblerait par ailleurs que M. Jung et sa fille aient toujours eu la volonté délibérée d'être très discrets quant à cet emploi. En effet, aucune des amies entendues que fréquentait Aurélie Jung n'en avait jamais entendu parler », écrit le lieutenant en charge des investigations, qui relève également que ses bulletins de salaire n'étaient pas expédiés à la permanence parlementaire.

Loin de faire profil bas, Armand Jung, entendu par la police, assène : « Je découvre avec stupéfaction que l'on puisse mettre en avant une telle suspicion quand on connaît le sérieux de l'administration de l'Assemblée nationale. » Il soutient que sa fille travaille sept jours sur sept. Les enquêteurs, eux, sont convaincus du contraire : « Les nombreuses contradictions et incohérences relevées dans le cadre de cette enquête constituent un faisceau d'indices tendant à prouver le caractère fictif de l'emploi de mademoiselle », conclut un procès-verbal de synthèse. Cela n'empêchera pas le procureur de classer sans suite au motif d'une « infraction insuffisamment caractérisée ». Contacté, celui-ci n'a jamais répondu à nos questions et poursuit aujourd'hui sa carrière comme avocat général dans une grande cour d'appel de province. Déboutées au pénal, les deux assistantes ont quant à elles obtenu gain de cause des années plus tard devant les prud'hommes, après une décision de la Cour de cassation leur accordant plusieurs milliers d'euros d'indemnités.

11

Les corps perdus de la Grande Guerre

La forêt s'est parée de noir depuis quelques heures déjà lorsque les coups de pelle livrent leurs premiers secrets. Une poignée d'ombres, crâne rasé pour la plupart, s'activent à l'entrée du tunnel, détecteurs de métaux posés à côté de leur trou. Les hommes déblaient la fosse à la force de leurs mains, certains munis de pioches mais aidés aussi d'une mini-pelleteuse convoyée ici en toute illégalité. Enfin, les premiers corps apparaissent. Des dizaines d'Allemands de la Grande Guerre conservés pendant un siècle dans un état presque parfait se dessinent à la lueur des lampes-torches. Les crânes ont encore des cheveux sur la tête, les armes sont chargées. Deux cent cinquante soldats fuyant les Français ont été ensevelis ici par les bombes, en 1917, dans ce souterrain devenu leur sépulture. En surface, la nature a repris ses droits, tapissant d'un matelas de lichen, de feuilles et de branchages, ce souterrain connu des historiens sous le nom de « tunnel de Winterberg ». C'était sans compter une sorte d'Indiana Jones moderne, un bretteur qui n'aime rien tant que se battre contre l'administration : Pierre Malinowski.

La trentaine, une silhouette solide et un passé mystérieux, quelques années dans la Légion étrangère puis auprès de Jean-Marie Le Pen comme assistant parlementaire, Malinowski ose tout… ou presque. Son nom a d'abord circulé quand les pilotes de l'affaire Air Cocaïne, accusés – puis totalement innocentés par la justice française – d'avoir voulu convoyer 700 kilos de cocaïne dans l'Hexagone, ont fui la République dominicaine pour revenir en France à l'automne 2015. Malinowski faisait partie du commando envoyé sur l'île pour récupérer les deux fugitifs. Il a écopé à cette occasion d'une notice rouge Interpol et d'un mandat d'arrêt émis par les Dominicains, avant de parvenir à « faire sauter la notice ». On le retrouve ensuite en Russie, où Marine Le Pen l'a envoyé et où il trace désormais son propre chemin – il n'est pas fan de Marine et lui préfère de loin sa nièce, Marion Maréchal, au mariage de qui il a assisté… Malinowski a rencontré plusieurs fois Poutine, s'est rapproché de Dmitri Peskov, son bras droit, et monté une Fondation pour les initiatives historiques franco-russes, dont la vice-présidente n'est autre que la fille de Peskov.

Grâce à l'aide financière d'un oligarque, il met au point de grands raouts archéologiques, fait venir en Russie ou Crimée, dans des lieux qui n'ont jamais été fouillés, des chercheurs français reconnus, obligés de prendre sur leurs congés pour ne pas être rappelés à l'ordre par leur organisme de tutelle, INRAP ou CNRS : les fouilles de Malinowski présentent un intérêt scientifique évident, mais elles ne reposent en effet sur aucune méthode précise, ni aucune administration. L'homme est un électron libre. S'il dit agir au nom de l'amitié entre les peuples, le Kremlin y voit une occasion inespérée de diffuser son soft power dans un temps où les relations avec l'Occident sont particulièrement difficiles. Malinowski est habile : son panache est salué par toute la presse, de gauche comme de droite, *Le Point*, *Le Figaro*, France Inter…

Aussi n'y a-t-il rien de surprenant à ce que le principal quotidien de France narre, le 16 novembre 2020, la découverte, par la famille Malinowski, de l'entrée du tunnel de Winterberg, près de Craonne. Le père, historien amateur, a consacré une partie de sa vie à fouiller les archives pour le trouver. Les fils, Pierre et Erik, sont passés à l'action sans avoir, bien sûr, la moindre autorisation. Le journaliste du *Monde*, Benoît Hopquin, écrit : « Après quelques coups de godet, les francs-tireurs mettent au jour les étais noircis par l'explosion de l'obus. Pierre Malinowski, Jonas Berteau, un ancien légionnaire lui aussi, et Jérôme Rigaut ont vite fait de déblayer l'entrée à la pelle. L'équipe découvre alors deux mitrailleuses MG08 et deux corps de servants, trois cents cartouches de masque à gaz, des éléments du poste de télégraphie, des baïonnettes intactes, un couteau neuf et un fusil étonnamment conservé, la cloche placée à l'entrée du tunnel, les rails Decauville transportant les munitions… "Plus on avançait, plus on trouvait d'artefacts, se souvient Stéphane

Pumilia, quarante-six ans. On vivait à un siècle de distance le récit des survivants. Rien n'avait bougé, comme à Pompéi." » Et l'article de préciser : « L'équipe filme et photographie sa progression, ponctuée d'exclamations à chaque nouvelle découverte. Après quelques mètres à creuser dans un sol sablonneux qui menace de les ensevelir, ils stoppent leurs fouilles. » La préfecture et l'État sont prévenus. À eux de poursuivre ce travail mémoriel.

La suite est moins connue et prend la forme d'une convocation tamponnée du sigle bleu de la police nationale. Le 2 février 2021, l'Office central de lutte contre le trafic de biens culturels fait savoir à Pierre Malinowski qu'il veut l'entendre dans le cadre d'une enquête préliminaire ouverte pour exécution de fouilles archéologiques sans autorisation, dégradation ou détérioration de patrimoine archéologique commise en réunion, vol d'une découverte archéologique, mise en danger délibérée de la vie d'autrui, violation ou profanation de sépulture. L'addition est salée, de quoi passer quelques années derrière les barreaux. Mais l'ancien légionnaire a de la ressource... Ce printemps 2021, sur les bords de la Volga, à une vingtaine de kilomètres de Volgograd, où il dirige un chantier archéologique, loin, très loin de la France, Malinowski plaisante entre deux coups de pelle : « On va voir jusqu'où ils [le procureur, *Nda*] vont aller ! » L'ex-militaire est tranquille, il a un atout dans sa manche, et pas n'importe lequel : l'Élysée.

Dès le début de sa petite entreprise archéologique, Malinowski a pris soin de mettre le Château dans la boucle. Son interlocuteur est Bruno Roger-Petit, dit BRP, conseiller mémoire du président et ancien présentateur sur Antenne 2. BRP pratique le journalisme de cour. En 2017, il suit, pour le magazine *Challenges*, la campagne présidentielle du candidat Macron et se montre tellement élogieux qu'il sera un des très rares journalistes invités au fameux dîner de la Rotonde, à l'entre-deux-tours. À l'été 2017, il est nommé porte-parole de l'Élysée, avant d'être remplacé et de se voir finalement confier le poste de l'ombre de « conseiller mémoire ». C'est avec lui que Malinowski négocie habituellement pour associer l'Élysée à ses chantiers archéologiques en Russie – il a notamment obtenu l'inhumation aux Invalides du général Gudin, un officier de Napoléon mort pendant la campagne de Russie et découvert lors d'une de ses fouilles à Smolensk.

Les échanges de Malinowski et BRP ont été versés à la procédure. En janvier 2020, alors que l'ancien légionnaire vient d'ouvrir le tunnel de Winterberg, il écrit à Roger-Petit pour le mettre dans la confidence. Il a en tête d'organiser une grande cérémonie franco-allemande autour de cette découverte, en présence des officiels des deux pays. « Quelle date pouvez-vous entre le 12 et le 14 pour rdv avec secrétaire générale et porte-parole du VDK [Volksbund Deutsche Kriegsgräberfürsorge, l'organisme allemand en charge des sépultures militaires, *Nda*] pour le tunnel ? demande Malinowski. Ils viendront de Berlin juste pour le rendez-vous. L'ONAC [Office national des anciens combattants, *Nda*] a déjà dit oui mais rien ne peut/doit se faire sans vous. — Bien reçu », répond BRP qui, quelques mois plus tard, s'enthousiasme à l'idée de recevoir un « petit dossier classe avec des photos » à donner au président Macron. Malinowski exulte : « Vous imaginez pas, ils sont tous à fond. ONAC, INRAP, VDK, etc. » L'historien amateur poursuit : « Ils me supplient de financer ce projet qui sera le plus important pour eux... Je peux mais... Je veux vraiment que vous me donniez votre avis (...) Vous en pensez quoi ? » Là encore, Roger-Petit répond du tac au tac :

« Du bien (...) Dites aux Français de m'appeler (DRAC, ONAC, etc.).

— Super vous m'autorisez ?

— Oui.

— Je fais ça demain, génial !

— Plus vite on met la pression Élysée, plus vite ça avance. »

Le tout est suivi d'un émoticône représentant un petit bonhomme qui gonfle les muscles de son biceps. Le message est clair : l'Élysée est au courant des fouilles illégales de Malinowski et a bien l'intention de s'associer à lui dans des célébrations franco-allemandes. En novembre 2020, l'ancien militaire s'adresse encore à BRP pour le prévenir de ce que *Le Monde*, puis TF1 vont sortir un reportage sur le tunnel de Winterberg. « Très bien », « très bien encore », « c'est parfait », assure à nouveau le conseiller mémoire. À 20 h 36, aussitôt le reportage de TF1 diffusé, Malinowski s'emballe : « Incroyable. Vraiment clean. Je suis content. » Réplique de BRP : « Oui, très bon sujet. Ça tue les critiques des immobiles à la Offenstadt [un historien français très critique du travail des Malinowski, *Nda*] et Zimet [le directeur de la communication de l'Élysée, que BRP déteste]. » Pierre Malinowski est sur le point de gagner la partie. Sauf que le 3 décembre, il est averti de ce qu'une plainte pour fouilles illégales est déposée contre lui. « Le préfet veut vraiment ma tête et pourtant c'est un ami du président (…) — Le préfet ? Il est idiot », ose, en réponse, le conseiller mémoire.

« Il raconte que c'est Poutine qui m'a envoyé faire le tunnel (…), lâche Malinowski.

— Il faut le laisser sur cette ligne. Il ne bougera plus », répond BRP.

BRP en est certain, c'est le directeur de la communication du président qui est derrière tout cela et qui cherche à faire capoter un projet qui pourrait le faire briller aux yeux d'Emmanuel Macron. Irrité, il décrypte derrière l'action du préfet les « manœuvres » de Joseph Zimet. La guerre des conseillers du président irait-elle jusqu'à l'instrumentalisation des procédures judiciaires ? Malinowski, qui a plus d'un tour dans son sac, fait chauffer son carnet d'adresses. Il demande de l'aide à Stéphane Bern ou encore Frédéric Mitterrand, lequel promet « de faire une note à RB », à savoir Roselyne Bachelot, la ministre de la Culture.

Le procureur, qui possède l'intégralité des échanges entre Pierre Malinowski et l'Élysée, peut-il aller plus loin ? Si Malinowski a bel et bien commis des infractions, il l'a fait en tenant informées les plus hautes autorités du pays, et personne n'a vraiment envie d'aller fouiller ces poubelles-là… Le dossier stagne ainsi pendant des semaines. Le 27 mai 2021, le parquet adresse enfin une missive au mis en cause : « J'ai pris connaissance de la procédure diligentée par l'Office central de lutte contre le trafic de biens culturels suite au signalement qui m'a été adressé par la Direction régionale des affaires culturelles des Hauts-de-France le 4 décembre 2020. Il en résulte que seul le délit d'exécution de fouilles archéologiques sans autorisation peut vous être reproché. » Alors que *Le Monde* a raconté par le menu l'introduction des fouilleurs clandestins dans le tunnel, les corps et le type d'armes découverts, le procureur poursuit : « Eu égard au contexte dans lequel se sont inscrites ces fouilles illicites et compte tenu de l'absence d'intrusion dans le tunnel et de volonté de pillage des biens archéologiques, j'ai décidé de procéder à votre encontre, par la présente, à un rappel à la loi. »

Interrogé, Pierre Malinowski n'a pas souhaité s'étendre sur cette histoire. Il affirme juste avoir transmis le courrier de rappel à la loi à Bruno Roger-Petit, lequel lui aurait, selon ses dires, répondu par un seul mot : « Clémence. »

12

Les vérités d'Outreau ne sont pas bonnes à dire

L'affaire d'Outreau a commencé par une effroyable histoire de pédocriminalité et s'est achevée dans l'un des plus retentissants crashs qu'ait connus la justice française – les magistrats, aujourd'hui encore, parlent de traumatisme. On la croyait terminée mais l'irruption du nom de Franck Lavier dans l'actualité judiciaire de l'année 2021 a fait ressurgir ses fantômes et dévoilé une succession de scandales, d'affaires étouffées et de dénis de justice dont les principales victimes sont, à nouveau, des enfants. Pour comprendre, il faut remonter à l'année 2000.

Dans une petite ville pauvre du Pas-de-Calais, Outreau, une fratrie victime de mauvais traitements est retirée à la garde de ses parents, Thierry Delay et Myriam Badaoui. Une fois placés chez des assistantes maternelles de la région, en sécurité, les enfants vont s'ouvrir et accuser leurs parents, puis des voisins de leur immeuble, puis d'autres adultes encore, de graves sévices sexuels dont des viols répétés, en réunion. Entendus par la Brigade des mineurs, ils vont donner les noms d'autres jeunes victimes et l'affaire va s'étendre ainsi, prenant une dimension effrayante. Certains des adultes, placés en garde à vue, reconnaissent les faits et se mettent à s'accuser les uns les autres. D'autres, au contraire, ne cesseront jamais de nier.

Au début, seule la presse locale se fait l'écho du terrible fait divers. Mais lorsque les événements s'emballent, avec l'arrestation d'une dizaine de personnes, dont des « notables » comme on les désigne à l'époque – ainsi, un huissier de justice –, lorsqu'on commence à parler d'un réseau international et d'une fillette assassinée (aucun corps ne sera jamais retrouvé), la presse nationale s'empare de l'affaire. Et des ténors du barreau entrent dans la danse, dont l'actuel garde des Sceaux Éric Dupond-Moretti, qui défendra une des accusées. L'instruction est d'abord menée par le juge Fabrice Burgaud (il sera promu à l'antiterrorisme avant le début du procès). Après deux ans d'enquête, dix-sept enfants sont identifiés comme victimes, et dix-sept adultes accusés – un dix-huitième meurt en détention provisoire, d'une surdose de médicaments.

Le procès d'assises s'ouvre le 4 mai 2004 à Saint-Omer, dans une atmosphère électrique. Des gens crient « à mort les pédophiles » dans les rues. La salle n'étant pas configurée pour une audience d'une telle ampleur, la décision est prise d'installer les enfants et les parties civiles sur les bancs des accusés, tandis que ces derniers sont, eux, placés en face, dans la salle… L'imaginaire de la justice est tellement immuable et chargé de symbolique que cette disposition, adoptée pour des raisons pratiques, ne sera pas sans effets.

Les avocats de la défense adoptent une stratégie collective pour défendre leurs clients et se montrent très actifs dans la presse. Ils sont particulièrement incisifs et n'hésitent pas à malmener les victimes, qui sont très jeunes, et fragiles, et qui se referment, au fil des jours. Les avocats des parties civiles, eux, défendant des mineurs, sont tenus à beaucoup plus de réserve.

Et puis, c'est le crash. Le 18 mai 2004, après le témoignage d'un de ses fils, Myriam Badaoui, à la fois accusée et principale accusatrice, va, en pleine audience, se dédire. Affirmant avoir menti, elle dédouane une partie des accusés. C'est la stupeur. Aucune des jeunes victimes, ni des parties civiles, ne reparaîtra au procès, laissant la défense, menée par le très virulent Me Éric Dupond-Moretti, s'engouffrer dans la brèche. En première instance, sept personnes sont acquittées, et dix condamnées. Quatre d'entre elles reconnaissent les faits, les six autres font appel. Elles seront innocentées par la cour d'appel de Paris en 2005.

Certains ont passé des années en prison, séparés de leurs enfants. Ils ont tout perdu. Ils reçoivent alors les excuses de Pascal Clément, le garde des Sceaux de l'époque, sont invités à Matignon par Dominique de Villepin et publiquement réhabilités par une presse qui enclenche un demi-tour au frein à main : les monstres d'hier deviennent des innocents outragés ; le juge d'instruction est présenté comme inexpérimenté et aveuglé par l'ambition, les experts comme des imbéciles ou des malhonnêtes, et les enfants, comme des menteurs.

Ils ont pourtant été reconnus victimes de sévices graves, mais tout le monde paraît désormais s'en moquer, à commencer par l'accusation. Lors du procès en appel, l'avocat général, Yves Jannier, n'hésite pas à interpeller Chérif, l'aîné de Myriam Badaoui, un enfant abusé sexuellement pendant des années, pour lui demander si les extraterrestres ne l'auraient pas violé aussi, provoquant des rires dans la salle…

Les accusés, en réalité, ce ne sont plus les pédocriminels, mais la justice elle-même. Ce fiasco est vécu, par toute la profession, comme un cataclysme. « Il y a un avant et un après-Outreau », explique une magistrate. La formation va changer, les évaluations aussi. « Tchernobyl judiciaire », avancent carrément les professionnels. Cela aura des conséquences dramatiques. La justice, sidérée par son échec, intègre les critiques et se fait sourde à toute affaire sexuelle, incapable de s'en saisir, terrorisée à l'idée de se tromper à nouveau. Cela sera le cas à trois reprises au moins, on va le voir. Et, comme toujours quand la justice doute d'elle-même, les magistrats du parquet ont recours à de vieux réflexes de prudence et vont prendre des instructions auprès du pouvoir, pour se couvrir.

À la suite du procès, une commission d'enquête parlementaire est d'abord lancée sur les dysfonctionnements supposés de l'instruction. Elle s'achève par quelques préconisations de réforme. La plupart restent lettre morte, à l'exception de la pratique, désormais généralisée, de filmer ou d'enregistrer les auditions, ainsi que la collégialité des juges lors de certaines instructions. D'abord de pure forme, elle est entrée dans les mœurs et les juges, lorsqu'ils sont cosaisis, disent pour la plupart apprécier de pouvoir confronter leur opinion et de pouvoir mieux répartir la pression médiatique. C'est vrai notamment au pôle financier, où ils se partagent les rôles en fonction de leurs compétences particulières.

Le juge Burgaud, lui, passe devant le Conseil supérieur de la magistrature – il écope de la plus légère des sanctions disciplinaires, mais son nom reste entaché et sa prometteuse carrière est stoppée net. Il doit même être placé un temps sous protection policière. Fabrice Burgaud est aujourd'hui avocat général référendaire à la Cour de cassation – un placard doré. Il a payé pour tout le monde, alors que de nombreux magistrats s'étaient penchés sur la validité de l'enquête, et notamment les juges de la chambre d'instruction et les magistrats du parquet, invités à donner leur avis sur la procédure.

En 2006, pour tenter d'y voir plus clair dans ce chaos – et se dédouaner un peu –, le ministère de la Justice réclame l'ouverture d'une enquête sur le fonctionnement des services de santé dans l'affaire d'Outreau. L'Inspection générale interministérielle du secteur social, l'IGAS, est saisie. Elle rend un rapport accompagné d'annexes contenant les dossiers médicaux de quatorze des dix-sept enfants du premier procès (les autres n'ont pas été retrouvés). L'enquête est basée sur le suivi des familles effectué par les services sociaux, la protection maternelle et infantile, les médecins généralistes de ville, l'hôpital, l'Éducation nationale... Après avoir dressé un tableau général de la situation dans le Pas-de-Calais, l'IGAS établit qu'au moins cinq des mineurs cités présentaient dès leur plus jeune âge des signes évocateurs de maltraitance sexuelle : troubles intestinaux, notamment colopathies à répétition, anémies importantes dues à des saignements et à des carences alimentaires. Problème : ces enfants appartiennent à des familles qui ont été innocentées en appel.

En France, la détection des violences sexuelles repose essentiellement sur les examens psychologiques et les troubles comportementaux développés par les victimes mais dans d'autres pays plus avancés dans ce domaine, comme le Canada, la symptomatologie constitue un véritable outil de dépistage. L'IGAS évoque ainsi des hospitalisations nombreuses, des séjours répétés aux urgences, des cicatrices anales, notamment chez un bébé de neuf mois. Il est établi que, lors de l'instruction, la justice n'a pas eu accès à certaines de ces informations. Les enquêteurs notent aussi que le suivi était rendu difficile parce que, s'agissant de familles recomposées, les membres d'une fratrie ne portaient pas forcément le même nom de famille. Certains n'étaient pas présentés aux rendez-vous de suivi prévus et les médecins ne les revoyaient jamais. Les inspecteurs de l'IGAS acquièrent en tout cas la conviction que certains des enfants qui ont été rendus à leur famille avaient peut-être subi, dès leur très jeune âge, des violences sexuelles. Le ministre de la Santé, destinataire de ce document, en adresse copie au médecin responsable de la protection maternelle et infantile du Pas-de-Calais avec pour consigne de veiller de façon attentive à leur santé. On ignore si ce fut le cas.

La première victime de la subite surdité de la justice après le fiasco du procès de Saint-Omer est une jeune fille, qu'on appellera Juliette. Elle accuse, en 2004, plusieurs hommes de l'avoir violée ou d'avoir sexuellement abusé d'elle dans son enfance. Elle met notamment en cause son beau-père, François Mourmand. Particularité de cette accusation : François Mourmand, arrêté en 2001 dans le cadre de l'affaire d'Outreau, est mort deux ans avant le premier procès. Son décès a clos son dossier sans le trancher judiciairement. On le considère comme le fantôme d'Outreau. Juliette accuse également un homme qu'elle décrit physiquement avec précision, et dont elle identifie la compagne sur photo : il s'agit d'un autre des accusés d'Outreau.

Placée en famille d'accueil depuis ses neuf ans, Juliette présente dès son arrivée un comportement sexuellement explicite (un signe évocateur de maltraitance sexuelle). À douze ans, elle est examinée par un médecin qui constate une déchirure partielle de l'hymen. Enfin, une expertise psychologique conclut à sa crédibilité et un de ses petits frères confie également aux enquêteurs avoir été abusé. La jeune fille dénonce aussi, auprès des policiers, la complicité de sa mère, qui était au courant de tout.

Mais une semaine après cette dernière audition à la Brigade des mineurs, Myriam Badaoui se rétracte en plein procès d'Outreau. Dans la presse, c'est un déchaînement. Brusquement, la parole des enfants victimes ne paraît plus audible. Le parquet hésite sur la conduite à tenir dans l'affaire de Juliette. La substitute du procureur de Boulogne-sur-Mer, visiblement pas très à l'aise, écrit au procureur par délégation pour lui résumer les accusations de Juliette et demander, « compte tenu du climat actuel », s'il convient qu'elle l'entende sur les faits…

En 2005, lors du procès d'appel à Paris, l'un des hommes que la jeune Juliette accusait est acquitté et la présidente donne une visibilité judiciaire à feu François Mourmand, en entendant comme témoin Lydia, sa sœur. Soutenue par l'avocat Éric Dupond-Moretti, elle est ensuite reçue à Matignon avec les treize autres acquittés, portant à bout de bras le portrait du disparu. La mère de Juliette, elle, reçoit un courrier de la main du président Jacques Chirac, présentant ses « excuses et regrets ».

C'est le début de la fin pour l'enquête sur Juliette. Deux ans après sa plainte, en pleine tourmente médiatique, le procureur de Boulogne, Gérald Lesigne, lui aussi épinglé dans le fiasco d'Outreau, demande au procureur général de la cour d'appel de Douai le classement sans suite de cette affaire en prétextant la fragilité de la plaignante. Il envisage qu'elle ait pu inventer une partie de ses accusations pour éviter de faire porter au seul François Mourmand la responsabilité du crime. Il écrit : « … j'envisage de classer sans suite au regard de la grande fragilité de Juliette et de la disparition de celui qui m'apparaît être le principal mis en cause dans cette affaire, les autres indications de la fillette ayant pu tout aussi bien être formulées pour tenter d'éviter de salir la mémoire d'un père décédé. » Dans cette analyse, il se trompe, car François Mourmand n'était pas le père, mais le beau-père de la jeune fille.

Le procureur général, Jean-Jacques Zirnhelt, visiblement estomaqué par cette proposition de classement de Lesigne, lui répond le 10 mars 2006 qu'il faut à tout le moins entendre les mis en cause, et notamment la mère de Juliette, qui pourrait être poursuivie pour non-dénonciation : « Il est évoqué dans cette procédure la passivité voire la complicité active de la mère de cette enfant, ce qui impose à mon sens qu'elle soit interrogée. (...) Comme l'expertise psychologique de Juliette conclut au caractère incontestable des abus sexuels subis par cette enfant dont la défloration ancienne est attestée par certificat médical et examen médico-légal », dans un second temps et sous réserve, une information judiciaire pourrait être ouverte. Il conclut : « S'il convient d'observer une attitude prudente à l'égard de révélations qui peuvent sembler au fil du temps plus imprécises (...) une décision sur l'action publique ne saurait pour autant être prise sans effectuer les vérifications habituelles auprès des adultes mis en cause. »

Mais le ministère public, pétrifié à l'idée d'être entraîné dans la tourmente de l'affaire d'Outreau, est décidément gêné aux entournures. Tout le monde ouvre son parapluie. Le 17 mars, le directeur des affaires criminelles et des grâces, Jean-Marie Huet, demande instruction auprès de la Chancellerie sur les suites à donner à la plainte de Juliette. Plus précisément, il s'adresse à Étienne

Apaire, conseiller pour les affaires pénales auprès du garde des Sceaux de l'époque, Pascal Clément. Jean-Marie Huet préconise du bout des lèvres l'ouverture d'une information et sa délocalisation, tout en reconnaissant les difficultés qui en résulteraient, dans le cadre notamment de « la campagne orchestrée pour réhabiliter Mourmand, qui est présenté comme le 14e innocent ». « Toute procédure visant la famille Mourmand fera l'objet de critiques axées sur la fragilité de la parole de cet enfant, et sur l'acharnement de l'institution judiciaire à l'encontre d'une famille déjà injustement atteinte dans son honneur », écrit Jean-Marie Huet. Faute d'instruction écrite, la Direction des affaires criminelles et des grâces (DACG) relance la Chancellerie en juin 2006. « Dans le prolongement de ma note du 17 mars, dont copie jointe, il ne m'apparaît pas, sauf erreur de ma part, avoir été rendu destinataire de vos instructions sur les suites à donner à la procédure visée en objet », s'enquiert Myriam Quéméner, sous-directrice de la DACG et aujourd'hui avocate générale à la cour d'appel et spécialisée dans la cybercriminalité. Sollicitée, elle ne nous a pas répondu.

On ignore si la Chancellerie a fini par donner ses instructions. Jean-Marie Huet, aujourd'hui à la retraite, déclare de pas avoir de souvenirs de ces échanges, ni de la suite donnée à l'affaire. Cependant, début 2007, une partie de ces courriers parvient à Jean-Michel Décugis, alors journaliste au *Point*. Il contacte le parquet de Boulogne pour savoir où en est l'enquête. Malaise au bout du fil : elle est au point mort, n'a ni été classée ni entraîné d'ouverture d'information. Il publie un article. Une semaine plus tard, quand il rappelle, l'affaire a été classée sans suite. Aujourd'hui, Juliette est majeure, elle a deux enfants et ne veut plus qu'on lui parle de justice. Elle n'a pas souhaité répondre à nos questions.

Catherine Champrenault, maintenant procureure générale près la cour d'appel de Paris, était magistrate au parquet général de Douai de 2004 à 2006. Elle ne se rappelle pas précisément le classement de cette enquête mais elle rapporte le contexte de l'époque, notamment au parquet de Boulogne-sur-Mer : « Après l'affaire d'Outreau, il y a eu une très grande inhibition sur les affaires de mœurs. On a connu une véritable déflagration, la parole des enfants n'existait plus. La justice rendait des non-lieux inconsidérés et les parquets, à commencer par celui de Boulogne-sur-Mer, n'étaient pas enclins à poursuivre les auteurs présumés dans les affaires de mœurs. » La magistrate se souvient d'une autre enquête dans laquelle une relaxe avait été décidée contre le cours du dossier. « Le parquet de Boulogne ne voulait pas faire appel car il affirmait que l'accusation n'avait plus de poids dans ces enquêtes de mœurs. Le parquet général a alors demandé à la Chancellerie la permission de faire appel. Nous avons fait appel, l'accusation a prospéré, et on a obtenu par la suite une condamnation de l'auteur présumé. » Il faut désormais faire preuve d'une détermination particulière pour poursuivre ces instructions.

Ce ne sera en effet pas la dernière fois que la justice essaie de se défausser. Sandrine et Franck Lavier ont été acquittés en appel à Paris et ont pu récupérer leurs enfants, placés des années chez des assistantes maternelles. Une de leurs filles, pourtant, n'a pas voulu revenir chez eux. Elle a conservé des liens avec ses frères et sœurs mais n'est jamais revenue vivre au domicile familial. La vie a repris, d'abord facile : avec les 250 000 euros qu'ils ont reçus en guise de dédommagement, ils achètent une maison, une voiture, quittent leurs emplois. Cinq ans plus tard, ils vivent au RSA et la chaudière ne marche plus. Les retrouvailles avec leurs enfants, aussi, sont difficiles. En 2011, deux d'entre eux, âgés de onze et dix ans, fuguent et font plusieurs kilomètres à pied pour se réfugier chez l'assistante maternelle qui les avait accueillis à l'époque du procès où comparaissaient leurs parents. Ils y dénoncent des mauvais traitements, des coups, des punitions cruelles : on les ferait s'agenouiller sur des manches à balai, les mains sur la tête, pendant des heures. La police fait son travail, des photos de genoux déformés et d'ongles écrasés sont versées au dossier. Lors des perquisitions au domicile du couple, des cassettes vidéo sont saisies sur lesquelles on voit des couples d'adultes (dont la fille aînée de Sandrine Lavier, alors âgée de seize ans, et son petit ami), plus ou moins dénudés, mimer des actes sexuels. On devine à l'image la présence des enfants plus jeunes, qui traversent la pièce et vaquent à leurs occupations. Devant la chambre de la fille aînée de Sandrine, les enquêteurs découvrent également un tableau d'écolier portant cette inscription : « Quiconque entre dans cette pièce sera obligé de me sucer. Signé : l'occupant des lieux. »

Une procédure incidente du chef de corruption de mineurs est engagée. Frank Berton, un ténor du barreau de Lille, déjà l'avocat de Franck Lavier au premier procès d'Outreau, dénonce dans la presse l'acharnement contre son client, « broyé » par la justice. Il plaide que « ce procès pour corruption de mineurs est fait parce qu'on avait besoin d'une connotation sexuelle sur les Lavier ». « Les vieux démons d'Outreau planent toujours », dit-il devant le tribunal correctionnel de Boulogne-sur-Mer qui semble lui donner raison et condamne les époux à dix et huit mois de prison avec sursis pour les violences mais les relaxe pour la corruption de mineurs – la fille aînée étant âgée de seize ans, le chef d'accusation n'était peut-être pas bien choisi, la « majorité sexuelle » étant fixée à quinze ans. Au sortir du jugement, l'avocat déplore que le parquet ait « cherché à salir les Lavier », quand il semblerait plutôt qu'on ait hésité à s'engager, à nouveau, sur le terrain des violences sexuelles, qui semble désormais empoisonné.

Quatre ans plus tard, en juin 2016, une enquête préliminaire est ouverte pour agression sexuelle par le parquet de Boulogne-sur-Mer à la suite de la plainte de la petite fille qui avait fugué avec son frère, que nous appellerons Camille, alors âgée de dix-sept ans. Elle accuse son père, Franck Lavier, de l'avoir violée. « C'est une affaire bien embarrassante pour le pouvoir car elle réveille encore une fois les vieux fantômes du fiasco d'Outreau dont l'un des principaux protagonistes était l'actuel garde des Sceaux », commente Isabelle Steyer, avocate d'une association de protection de l'enfance partie civile au procès. Par mesure de précaution, Camille est placée dans une famille d'accueil. Les faits qu'elle dénonce auraient été commis lorsqu'elle avait quinze et seize ans, au domicile familial. Elle les a d'abord révélés à la CPE de son lycée avant de les confirmer, en pleurs, devant les policiers. Elle les maintient lors d'une confrontation avec son père, deux ans plus tard.

Les faits qu'elle dénonce n'ont rien à voir avec l'affaire d'Outreau, ils auraient été commis bien après. Mais, comme si l'acquittement de Franck Lavier en 2005 valait pour une innocence à vie, la justice semble hésiter à s'engager. L'enquête s'éternise. La procédure va durer cinq ans, « avec une charge émotionnelle et familiale énorme liée à une affaire d'inceste, c'est le quart de sa vie ! Et on l'a laissée mariner dans cette situation douloureuse », s'indigne son avocate. En avril 2021, le parquet requiert la correctionnalisation des faits, c'est-à-dire le retrait d'une circonstance aggravante. Selon la loi, le viol est un crime et doit être jugé par une cour d'assises. Les parquets qui demandent la correctionnalisation ont tendance à invoquer une plus grande rapidité de jugement par les tribunaux correctionnels – sachant que la jeune fille a porté plainte il y a cinq ans de cela, l'argument ne manque pas d'ironie. La dépénalisation, qui concernerait 60 à 80 % des viols, est en général très mal vécue par les victimes. Camille commence en effet par refuser la proposition, avant de baisser les bras et d'accepter la requalification du viol qu'elle a subi par son père en simple délit. Elle a vingt et un ans, est devenue mère de deux enfants. La lassitude la gagne.

Pourtant, les trois juges d'instruction cosaisis sur ce dossier vont finalement décider, deux mois plus tard, de renvoyer l'affaire devant les assises, faisant fi de l'avis du ministère public. Ils estiment que l'information « a permis de réunir des charges suffisantes contre Franck Lavier d'avoir pu commettre des actes d'attouchements de nature sexuelle ainsi qu'une pénétration sexuelle, lesquels apparaissent avoir été imposés volontairement à une adolescente qui, en raison de son âge et du rapport d'autorité entre elle et son propre père, ne pouvait réagir et donc valablement consentir à ceux-ci ». Un des acquittés d'Outreau est donc renvoyé devant les assises, pour des actes de même nature, seize ans après. Franck Lavier nie et a fait appel de cette décision.

La véritable leçon de l'affaire d'Outreau, ce n'est pas que tout était faux, que tout le monde était coupable, ou au contraire innocent, que la parole des uns vaudrait plus que celle des autres, que tout ce qui sort de la bouche des enfants est la vérité, ou bien un mensonge. C'est, peut-être, que lorsque les magistrats sont disqualifiés, il n'y a plus de justice possible. Or c'est là-dessus que le garde des Sceaux, Éric Dupond-Moretti, a bâti sa carrière de pénaliste : en bouffant du juge.

13

Scènes de la vie de palais
Juge d'application des peines

En mars 2020 est entrée en vigueur une réforme, portée par Emmanuel Macron, destinée à supprimer les courtes peines de prison et à développer des alternatives à l'incarcération, comme les travaux d'intérêt général, les jours-amende ou la détention à domicile avec un bracelet électronique. Pour les condamnations inférieures à six mois, le tribunal lui-même décidera de la mesure de conversion et aucune incarcération ne sera plus prononcée. De six mois à un an, la mesure d'aménagement sera soit décidée par le tribunal au moment du jugement, soit par le juge de l'application des peines, qu'on appelle JAP. Et au-delà d'un an, aucune peine ne pourra plus être aménagée d'office, la détention sera effectuée. Avant la réforme, le délai au-delà duquel il n'était plus possible pour un juge d'aménager une peine de prison était de deux ans.

Au 31 décembre 2020, 155 494 condamnés exécutant leur peine en milieu ouvert étaient soumis à diverses obligations, sous le contrôle du juge de l'application des peines. Ils sont trois, à Paris, à suivre les détenus de la Santé (seul établissement pénitentiaire du ressort). Six autres juges ne font que du « milieu ouvert », c'est-à-dire qu'ils gèrent les sursis probatoires, les travaux d'intérêt général, les suivis socio-judiciaires, les demandes d'aménagement des peines ferme, ainsi que le suivi des bracelets électroniques. Chacun a compétence sur des arrondissements prédéfinis. Trois juges antiterroristes, eux, spécialisés, ont une compétence nationale.

La révocation d'une mesure d'aménagement de la peine donne lieu à un débat contradictoire, dans une salle de tribunal, en présence d'un juge, de son greffier, et du procureur, ainsi que du détenu et de son avocat. Parmi les condamnés, il y a des princes, des mendiants et des fous, selon le mot de Claudel, et le JAP peut être amené à révoquer les mesures d'aménagement de condamnés aussi célèbres que Claude Guéant, envoyé en détention le 13 décembre 2021 pour avoir fait preuve d'« inconduite notoire » en ne payant pas son amende dans l'affaire des primes de cabinet pour laquelle il a été condamné.

Chaque juge tient une audience par mois. Le 3 décembre, il y a vingt-deux dossiers au rôle. Sur les bancs dans la salle, un avocat semble sur le point de s'installer.

« C'est une chambre du conseil, donc vous n'êtes pas autorisé à rester quand ce n'est pas votre client, Maître, l'apostrophe la juge depuis son estrade.

— Et il n'est pas arrivé ?

— Ah ça je ne sais pas, on n'a pas d'huissier donc ça va être la débrouille. »

La juge se tourne vers la procureure qui peine avec son ordinateur : « Il faut que tu te serves de ton téléphone pour te connecter au service, on n'a pas de réseau dans cette salle. »

Comme il fait un froid polaire, tout le monde a gardé son blouson et l'on voit des manches épaisses dépasser des grandes robes noires.

Le premier comparant, condamné dans un des volets de l'affaire de la taxe carbone à deux ans ferme et trois ans de sursis probatoire, ainsi qu'à de lourdes amendes et remboursements, vit désormais en Israël et, Covid aidant, n'a dû répondre à aucune mesure de suivi de détention.

« Voilà la taille de votre dossier, Monsieur, qui a déjà bien occupé le tribunal, entame la juge avant d'enchaîner sur quelques questions précises portant sur sa famille et l'emploi qu'il occupe. Donc je comprends que vous exercez une activité commerciale alors que les termes de votre condamnation vous l'interdisent expressément ?

— Je suis simplement employé, Madame.

— Cela ne change rien. Toute activité commerciale vous est interdite, pas seulement la gérance de société. Bon, le SPIP n'a pas été saisi car il n'y a pas d'accord avec Israël pour le suivi des peines. »

Le SPIP est un service de l'administration pénitentiaire qui assure au quotidien le suivi des détenus en milieu ouvert : rendez-vous réguliers, aide pour les démarches administratives et professionnelles, les agents du SPIP vérifient également que les personnes remplissent leurs obligations de soin, par exemple, et adressent des rapports circonstanciés aux juges.

« Mais je n'ai jamais été convoqué, s'affole le monsieur.
— Non, parce que le SPIP n'a pas été saisi, c'est ce que je vous explique. Bon, quelle est votre demande ? »

L'avocat prend la parole. Il explique que les faits sont anciens (ils datent de 2008 et 2009), et n'ont jamais été réitérés.

« Je rappelle que mon client n'a pas été condamné pour escroquerie mais pour blanchiment, autrement dit des faits de conséquence. À Paris, où il est revenu pour se présenter devant vous, il est hébergé par ses parents, dans un appartement où nous avons fait installer une borne Orange donc il y a la possibilité matérielle d'effectuer une surveillance à domicile. Nous avons contacté l'administration fiscale, pour l'instant sans réponse, afin d'obtenir un échelonnement de la dette, et nous attendons la libération de la caution par la Caisse des dépôts pour commencer à l'apurer. Les services du parquet, sans doute surchargés, n'ont pas répondu à cette demande, qui n'est pas si ancienne au demeurant. Mon client est père, grand-père, parfaitement inséré dans le tissu israélien, il n'y a aucun autre épisode de délinquance. Il n'est pas un danger pour la société. Renvoyer monsieur en détention serait contre-productif, en raison de l'ancienneté des faits, de l'insertion manifeste, de la non-réitération, des efforts pour s'acquitter des mesures complémentaires. Il a obtenu une promesse d'embauche dans la société de son frère qui lui permettrait de travailler à Paris durant toute la durée de sa peine aménagée.

— Oui mais le problème c'est que c'est également dans la vente, d'après ce que je lis. Or vous êtes expressément interdit d'activité commerciale.

— Je pourrais demander une autre affectation. Par exemple à l'atelier. Je suis habile de mes mains.

— Il nous manque également l'accord du propriétaire des lieux pour faire installer le dispositif de surveillance.

— Il vous sera envoyé, Madame le président. »

La procureure, au carré strict et noir, l'interroge sévèrement pour savoir s'il a bien compris ses peines et obligations, jusqu'à ce que la juge les interrompe :

« Pardon de vous presser, mais j'ai déjà cinq détenus qui attendent. Je tiens donc simplement à vous rappeler que la peine doit être effectuée en France, et que pour l'instant, on peut considérer que vous avez fait à votre guise, mais cela ne doit pas rester le cas. Une peine doit être effectuée. »

La procureure demande simplement la preuve que le condamné pourra exercer son travail à l'atelier comme il l'assure et le jugement est donc renvoyé à dans trois mois.

« Donc vous restez à disposition de la France et je vais activer le SPIP. »

Ils saluent, et sortent.

« Bon, donc on a passé une heure sur un renvoi, commente la juge, dépitée, en regardant sa pile de dossiers qui n'a pas baissé.

— Je suis navrée, Madame le président.

— Vous n'y êtes pour rien. Continuons avec les détenus, pour qu'on puisse libérer la pénitentiaire. »

Un jeune homme en survêtement gris entre dans le box vitré réservé aux comparants emprisonnés, et ressort immédiatement car on ne trouve plus son avocat qui était pourtant là tout à l'heure. Une avocate d'office fait alors entrer son client, un costaud âgé d'une quarantaine d'années mais qui en paraît dix de plus, condamné à deux mois pour conduite en état d'ivresse sans permis, convertis en jours-amende qu'il n'a pas réglés.

« Vous avez payé depuis ?

— Non.

— Ben alors ?

— Je savais même pas où je devais payer.

— On va vous laisser une dernière chance, je vais renvoyer au 14 janvier, si vous n'avez pas payé, vous serez incarcéré. Vous avez compris ?

— Bien sûr.

— Si vous payez avant, envoyez-moi la preuve, vous n'aurez pas besoin de revenir et ça fera gagner du temps à tout le monde. »

Après son départ, la procureure, acerbe : « Il se fout quand même un peu de notre gueule, là. » La juge hausse les épaules, fataliste. L'avocat disparu passe la tête : « Il est là ?

— Oui, il est là. »

Le jeune homme en gris réapparaît dans le box, menotté. Il fait l'objet de plusieurs dossiers : condamné à des sursis probatoires et des jours-amende dans quatre affaires différentes, il a finalement été incarcéré pour port d'arme alors qu'il était sous le coup de précédentes mesures d'aménagement.

« Vous n'avez respecté aucune de vos obligations, ni de travail, ni de suivi. C'est un constat d'échec. »

Le jeune homme, âgé de vingt-cinq ans, parle de ses projets de formation et plaide maladroitement : « J'ai déconné, c'était une fois. »

Il dit vouloir porter plainte à l'IGPN contre les policiers qui auraient menti sur leur PV. La procureure se met en colère :

« Qu'est-ce que vous racontez ? Quel rapport avec l'IGPN, Monsieur ? Vous n'avez même pas fait appel de la condamnation, donc c'est définitif. Et les jours-amende, on peut savoir pourquoi vous ne les avez pas payés ?

— Ma maman a fait la démarche… »

Les deux jeunes fliquettes qui le gardent lèvent la tête en même temps pour le dévisager, puis replongent dans leur téléphone.

« Mais pourquoi votre maman ? C'est vous qui avez été condamné, pas elle. Vous n'en avez pas marre, vous n'avez pas envie d'avoir une vie à vous ? »

Il ne répond pas. Personne n'a de question. La procureure conclut : « Je suis favorable à la révocation totale des aménagements. »

La défense plaide l'immaturité, demande un bilan psychologique et rappelle que si on révoque tout, on arrivera à un an et demi de peine supplémentaire, une incarcération très longue. Elle réclame un aménagement qui permettra un suivi en semi-liberté de huit mois à la sortie de détention ferme de son client. La juge rendra sa décision dans un mois.

Entre un jeune homme, qui se présente accompagné de son avocat, mais le greffier intervient : « Madame le président, on a encore deux dossiers de détenus.

— Ah zut, j'ai dit à monsieur que je le prenais.

— Ça ira vite », s'avance le jeune avocat, souriant et confiant.

L'avocat précédent, qui sort de la salle, lance un « au revoir », la juge tressaille :

« Comment ça c'est un renvoi ?

— Non, je vous disais juste au revoir. »

Les détenus attendront. Ce requérant, condamné à douze reprises pour des affaires d'escroquerie et de violence, vit lui aussi en Israël depuis le début du Covid, et n'est jamais passé devant un juge de l'application des peines. L'audience n'ira finalement pas vite du tout, contrairement au vœu de l'avocat.

« Vous demandez quoi ? interroge la juge.

— Des jours-amende. »

La procureure sursaute : « C'est une blague ?

— Quoi ?

— Toutes les autres amendes ont été payées ?

— Bien sûr.

— Vous en apportez la preuve ?

— Mais non, c'est des vieilles amendes ! Quelle preuve ?

— Vous me parlez avec calme, Monsieur, ça ne sert à rien de s'énerver ici. La charge de la preuve vous incombe. »

Le jeune homme ne comprend pas, la juge reprend :

« Y a-t-il une demande subsidiaire ? Si on ne vous accorde pas les jours-amende ?

— Non, je veux des jours-amende.

— Donc si je ne vous les accorde pas, vous allez en prison ?

— Quoi ? » fait-il à nouveau, en roulant des yeux furieux. Son avocat intervient :

« Madame le président, vous posez la question à mon client qui ne mesure pas les implications. On demande des TIG. »

Les travaux d'intérêt général sont très rarement donnés à Paris, ils représentent seulement 2 % des mesures d'aménagement, contre 8 % dans le reste de la France, alors même que beaucoup de structures seraient susceptibles de les accueillir.

Le jeune se croit déjà condamné, il s'insurge :

« Six mois ? Mais attendez, donc je vois personne, je vois pas ma fille pendant six mois ?

— Je n'ai pas encore décidé, mais vous avouerez que ce n'est quand même pas ma faute si vous avez été condamné douze fois. Et puis ça ne dure pas forcément six mois, les TIG. »

La procureure secoue la tête : « Je pense que ni ce dossier ni ce monsieur ne sont en état. Je demande que ce soit renvoyé. »

La juge est plongée dans les documents que lui a donnés l'avocat : « Mais ça c'est quoi, c'est de l'hébreu ? C'est un contrat de travail ? Ah non, c'est un livret de famille juif ? »

L'avocat sursaute, hésite, lâche : « *Israélien*, Madame le président, c'est un livret de famille *israélien*.

— Mais ça ne justifie que de la famille, pas du travail. L'aménagement n'est pas de droit. Bon, tant pis, au revoir. Je rendrai mon jugement dans une semaine.

— Moi je repars dimanche, prévient le jeune homme.

— On peut aussi faire exécuter la peine dès ce soir, menace la procureure. Et vous auriez dû préparer votre client ! »

L'avocat est fou de rage, il crie à son client qui est en train de s'énerver de sortir puis se rapproche de la procureure : « C'est inadmissible, vous me mettez en cause devant mon client, je vais le signaler.

— Vous voulez faire un incident d'audience ?

— Parfaitement. »

Il hésite à mentionner que la juge a dit « juif » pour « israélien ». La procureure demande au greffier de relire que le jeune homme a bien affirmé qu'il comptait se soustraire à la justice en partant avant la date de jugement. La juge, elle, est complètement ailleurs : son attention vient d'être attirée par une jeune policière qui lui signale que ça sent le cannabis dans la « bulle », la petite cellule où attendent les détenus. Ils sont deux, et chacun accuse l'autre.

« C'est pas moi hein ! s'écrie un vieil homme sénégalais aux cheveux de neige. Je peux vous montrer mon haleine, propose-t-il en baissant son masque.

— Non non, ce ne sera pas nécessaire, on vous croit, s'empresse la juge. C'est l'audience de l'espace, là », fait-elle en se massant le crâne.

Le vieil homme est incarcéré pour violences conjugales en récidive, c'est-à-dire commises alors qu'il faisait l'objet d'une première peine pour des faits similaires, condamné à douze mois de prison en comparution immédiate. Elle lui lit un petit résumé de sa situation.

« Non je paie rien du tout, j'ai pas de pension.

— Mais je n'ai pas parlé de pension, Monsieur. »

Il est sourd comme un pot. L'avocate commise d'office est posée là comme une bûche : elle n'a pas consulté les dossiers. Le greffier s'étonne et chuchote : « Elle m'a pourtant dit qu'elle était passée en prendre connaissance hier après-midi.

— Cela m'étonnerait fortement, hier après-midi ils étaient sur mon bureau. Donc elle ment carrément. Alors qu'elle est payée par le contribuable, et pas si mal que ça… »

La juge est mécontente. L'avocate, pendant ce petit dialogue qu'elle n'entend pas, se mouche à grand bruit. La procureure demande la révocation du sursis : la peine précédente serait donc ajoutée à cette nouvelle condamnation, sous la forme de prison ferme.

L'avocate lève la tête, devinant que c'est son tour : « Je demande que le sursis ne soit pas révoqué. »

La juge attend la suite, il n'y en a pas.

« Je vous remercie pour votre plaidoirie, Maître, dit-elle benoîtement. Monsieur, voulez-vous ajouter quelque chose ?

— Si je sors, je la laisse tranquille, chef.

— Oui, il faut que ça change, ça. Vous avez une solution pour le logement ? Parce que si vous revenez dans son domicile, ça va recommencer.

— J'ai tout arrêté maintenant, j'ai presque soixante-cinq ans.

— Vous n'avez rien arrêté du tout, puisque votre dernière condamnation remonte à deux mois. Vous avez arrêté depuis que vous êtes en prison, c'est tout.

— C'est ça, chef.

— Bon, je rendrai ma décision le 15 décembre.

— Dieu vous bénisse. »

Il sort, entre l'autre détenu, vingt et un ans, un regard ironique et les yeux très rouges.

« Donc Monsieur, on m'a signalé un problème. Vous avez fumé ?

— Moi ? Non.

— Ça sent le cannabis jusqu'ici. Vous dites que c'est pas vous ?

— Non. J'étais pas tout seul en cellule, ajoute-t-il d'un air malin.

— Vous voulez dire que c'est la personne âgée qui a fumé ?

— Voilà, le vieux, il a fumé son joint tranquille. Forcément, mes vêtements sentent, maintenant.

— Passons. Vous avez été condamné à trois ans pour des violences aggravées commises pendant une mesure de détention à domicile. On est là pour envisager le retrait de la surveillance à domicile et la révocation du sursis probatoire dans le cadre d'une peine… »

Lui aussi fait l'objet de plusieurs condamnations, l'ensemble est complexe, la juge énumère les différentes mesures dont il a déjà bénéficié, il fronce les sourcils, lui-même un peu perdu.

« Vous êtes en rupture de votre contrat d'apprentissage, vous ne suivez pas de soins... Si je résume, vous avez essayé à un moment de mettre en place des choses, et puis vous avez baissé les bras. Pourquoi vous avez tout foutu en l'air comme ça ?

— Bon, il y a eu un petit conflit un soir, un ami à moi, il y avait des mecs qui ont voulu le faire...

— Ça veut dire quoi ?

— Ils ont voulu le taper quoi, peut-être le tuer. Je pouvais pas rester sans rien faire. »

La procureure secoue la tête, l'air dégoûté, les lèvres pincées :

« Je demande la révocation et que soit mentionné cet incident de cannabis. »

L'avocate, toujours la même, derrière son mouchoir : « Je demande que ce soit pas révoqué parce qu'il a des projets. » On n'en saura pas plus.

La juge : « Je vous pose la question une dernière fois. Vous savez qu'il y a des caméras dans les cellules. Est-ce que c'est vous qui avez fumé ?

— Non, c'est pas moi.

— Bon. »

Il sort. Entre le jeune gardien qui effectue la police d'audience. Il se fige, scandalisé : « Mais... ça sent le cannabis, Madame la juge.

— Eh oui, apparemment il y a eu un petit incident dans la bulle.

— Mais comment ? Ils ne viennent pas de la prison ?

— Si si. Vous n'êtes pas d'ici ?

— Je viens d'arriver, j'étais en Bretagne.

— Bienvenue à Paris, jeune homme. »

À la procureure : « On peut demander les bandes de surveillance ?

— On peut. La procédure est complexe. Et quand la réponse nous parviendra, ce sera : "Elles viennent d'être effacées..."

— Donc on ne fait rien ?

— On ne fait rien.

— C'est bien ce que je pensais. Je peux vous dire qu'à Lyon, ça ne serait pas passé. »

Le jeune homme suivant a trente ans, tous ses crédits de réduction de peine ont été annulés (ce sont des réductions automatiques lorsqu'il n'y a pas d'incidents durant la détention. On voit sa peine réduite de trois mois la première année, deux mois les années suivantes, et sept jours par mois effectué). Il est sous bracelet électronique et a soixante-cinq retards sur sa permission de retour (22 heures, accordée par la même juge quelques mois auparavant). Il explique qu'il s'entraîne, loin de chez lui, pour devenir éducateur sportif. Le rapport du SPIP qui le suit est très défavorable.

« Vous me dites plein de choses, mais vous ne justifiez de rien.

— Je fais rien moi ? Vous dites que je fais rien ?

— Ne vous énervez pas, je dis que vous ne *justifiez* de rien.

— Je fais rien ? Alors que je me décarcasse !

— Mais enfin, je ne dis pas que vous ne faites rien Monsieur, je vous dis que vous n'avez pas apporté de documents.

— J'avais demandé 23 heures et vous m'avez accordé 22 heures, c'est pour ça les retards. C'était même vous !

— Vous croyez que c'est de droit, un aménagement de peine ? C'est une peine, en fait, est-ce que vous le comprenez ? Si votre autorisation c'est 22 heures, à vous de vous organiser pour être de retour à 22 heures. Vous avez un bracelet. On ne fait pas ce qu'on veut quand on a un bracelet. Ça suffit. Ma décision sera rendue aujourd'hui. »

L'avocate, comme d'habitude, ne plaide pas vraiment et pourtant il se penche vers elle pour lui demander conseil. Comme elle ne sait pas répondre, il se tourne vers la juge :

« Je vais recevoir un courrier ?

— Il va surtout recevoir une escorte », marmonne la procureure. Il sort, l'air inquiet, et croise à la porte un autre jeune homme.

« Qui êtes-vous, Monsieur ? » demande la juge.

Il répond en même temps que l'avocate, et ce n'est pas le même nom. La juge : « Maître, apparemment vous n'avez pas le bon dossier. Je vais redemander son nom à monsieur, qui est plus à même de me le donner. »

Il a vingt-trois ans, a été condamné pour vol avec violence à dix-huit mois dont six mois en semi-liberté.

« On s'est déjà vus en septembre, je vous ai refusé le bracelet. Vous deviez vous présenter à l'écrou et vous n'y êtes pas allé. Comment ça se fait ?

— Mais je n'ai rien reçu.

— En effet, vous n'êtes pas allé chercher vos recommandés, c'est commode.

— J'ai perdu ma pièce d'identité alors ils ont pas voulu me les donner. Je ne savais même pas où me présenter, mais je suis là aujourd'hui. Et je voulais vous dire, j'ai trouvé une formation payée grâce à Pôle emploi qui m'a dirigé vers une entreprise de réinsertion. Je commence le mois prochain, trois jours dans une entreprise, dans la restauration collective, et un jour de formation. Dans trois ans, j'aurai mon diplôme. Je voulais vous apporter mon contrat mais j'ai pas pu l'imprimer, il est sur la tablette. »

Il approche et la montre à la procureure, qui prend alors la parole : « Je demande de maintenir la semi-liberté mais au moindre incident, je recommande l'incarcération. Tout est entre vos mains.

— Vous serez convoqué le 5 janvier pour la prise d'écrou, conclut la juge. Vous avez vingt-trois ans, saisissez votre chance maintenant. »

Il sort en remerciant. « Il a senti le vent du boulet, lui, au moins », commente la procureure.

C'était le dernier condamné présent. Il ne reste que des dossiers sans personne, dont tous les aménagements sont révoqués rapidement. Le dernier est celui d'un marginal sans domicile, condamné pour une vétille. « Je ne vois aucun signe de lui depuis juillet. On est sûrs qu'il n'est pas déjà détenu quelque part ? »

Le greffier : « Je vais interroger la base. »

La juge : « C'est triste. »

La procureure : « C'est plié. »

Fin de l'audience.

14

En Corse, l'enquête interminable

Il y a en France des gens reconnus coupables de rien – ailleurs on dirait innocents –, qui sont restés mis en examen dix-huit ans dans une affaire où les investigations les concernant avaient cessé depuis seize ans et où le coupable était arrêté depuis quinze. Durant dix-huit années, ils ont vécu sous contrôle judiciaire : l'un avait interdiction de se rendre en Haute-Corse alors qu'il habitait à la lisière administrative de la Corse du Sud. Un autre, mis en examen à l'âge de vingt-trois ans, dont le contrôle judiciaire imposait qu'il réside à Bastia, a passé sa vie d'adulte entière sous cette contrainte. Des amis de toujours ont eu interdiction de se fréquenter ; des associés, de se rencontrer ; les membres d'un même syndicat, de se réunir ; certains devaient pointer toutes les semaines à la gendarmerie...

Ce dossier, une fausse piste (dite « piste agricole ») dans l'enquête sur l'assassinat du préfet Érignac, constitue un véritable scandale judiciaire. Pour comprendre, il faut revenir plus de vingt ans en arrière. Le 6 février 1998, le préfet de Corse, Claude Érignac, est abattu en pleine rue, à Ajaccio. L'enquête démarre dans un contexte de guerre des polices qui oppose le SRPJ d'Ajaccio et la 6e section antiterroriste (qui s'appellera plus tard DNAT, puis SDAT), dirigée par Roger Marion, un personnage haut en couleur. Le commissaire divisionnaire Marion va, dès le départ, privilégier une option sur toutes les autres. Il est persuadé que le mobile est à chercher dans le contexte de levée des moratoires sur la dette agricole, dont le préfet Érignac était chargé de mettre en œuvre l'application et qui soulève la vive colère des syndicats d'agriculteurs. Les investigations ciblent notamment deux agriculteurs, Gérard Serpentini et Mathieu Filidori, proches des mouvances indépendantistes – et même considérés par certains comme des fondateurs du FLNC en 1976. En étudiant le tract de revendication du meurtre du préfet, un enquêteur relève des concordances lexicales, et même des phrases entières, reprises à l'identique, entre des communiqués envoyés à la presse par le groupuscule qui a revendiqué l'attaque d'une gendarmerie (au cours de laquelle ont été dérobées des armes, dont l'une a servi à l'assassinat du préfet) et un livre écrit par Mathieu Filidori en 1979.

Ces avancées de l'enquête filtrent dans les médias, notamment dans *Le Canard enchaîné*. Mathieu Filidori tente de se défendre : « Est-ce que je suis fou ? Utiliser des phrases entières qui permettaient de m'identifier ? Cela devrait même plutôt m'innocenter », plaide-t-il devant la presse. En vain. Il est arrêté une première fois en juin 1998, avant d'être libéré cinq mois plus tard, devant le manque de charges et la solidité de son alibi.

Durant sa détention provisoire, l'immense domaine qu'il gère avec Gérard Serpentini, son associé, syndicaliste comme lui, va être fouillé deux fois. Lors de la première perquisition, rien n'est trouvé. La seconde est réalisée plusieurs mois après, alors que Filidori et Serpentini sont toujours en détention, à l'initiative de Marion. Les lieux s'étendent sur plus de 900 hectares, où trois policiers et un gendarme vont pourtant très rapidement découvrir, dans une cabane abandonnée ouverte aux quatre vents et située non loin d'un sentier de randonnée, des explosifs humides et probablement hors d'usage, mal dissimulés sous quelques poignées de paille. De manière très étrange, Mathieu Filidori et Gérard Serpentini seront mis en examen pour ces nouveaux faits mais ne seront jamais interrogés sur l'existence de ces explosifs, ni par la police, ni par la juge Laurence Le Vert, en charge du dossier.

À la même époque, le nouveau préfet de Corse, Bernard Bonnet, reçoit d'un informateur des éléments qui vont bientôt permettre de découvrir les véritables coupables. Mais la DNAT n'en démord pas, Mathieu Filidori reste sa cible principale. Il est même à nouveau brièvement incarcéré en juin 1999 – alors que le véritable commando est déjà en partie identifié.

Deux ans plus tard, l'ancien gardien du domaine, Serge Garracio, avoue avoir placé lui-même les explosifs à un endroit convenu d'avance avec les policiers. Il fait son mea culpa et raconte qu'en juin, lors de la première fouille, infructueuse, du domaine, des armes de chasse détenues sans permis avaient été découvertes chez lui, le mettant dans l'embarras, d'autant qu'il traînait aussi à son casier une vieille histoire d'agression. Il détaille comment Roger Marion en personne, accompagné d'Éric Battisti, un fonctionnaire des renseignements généraux, lui aurait demandé cela en échange de la promesse d'effacer ces histoires. Il certifie son récit par écrit et réitère ses aveux aux assises en 2009, lors du procès en appel d'Yvan Colonna.

En 2006, un des enquêteurs présents lors des fouilles admet également les faits devant les auteurs du livre *Place Beauvau, la face cachée de la police*, Olivia Recasens, Jean-Michel Décugis et Christophe Labbé. « Quelqu'un les avait placés là [les explosifs, *Nda*] durant la nuit et nous savions où chercher », confie le fonctionnaire. Les « charges » avaient été dissimulées dans un sac de supermarché à l'enseigne inconnue en Corse. Il refusera, en revanche, d'en témoigner publiquement. La sortie du livre est un électrochoc, les révélations sont explosives. À l'époque, Marion est encore considéré par certains comme un grand flic, s'en prendre à lui, c'est s'attaquer à la statue du commandeur. Une enquête de l'IGPN, la police des polices, est ouverte, mais elle est classée un mois plus tard au motif qu'un certain nombre d'investigations sont impossibles à effectuer dans la mesure où les documents sont versés à l'instruction judiciaire initiale… instruction qui s'achèvera opportunément, un certain nombre d'années plus tard, par un non-lieu. La procédure administrative ne reprendra pas, les faits étant, dans l'intervalle, prescrits. Magnifique exemple de classement politique d'une affaire.

Lors de leur audition devant l'IGPN, les trois journalistes s'entendront dire par son patron de l'époque, que ce qu'ont fait certains policiers de la DNAT dans cette affaire était « scandaleux et impardonnable ». Quelques jours plus tard, ce même haut fonctionnaire, cette fois accompagné du directeur général de la police nationale, Michel Gaudin, moquera l'enquête des journalistes sur le thème : « Circulez il n'y a rien à voir. »

Pourquoi, alors que le commando responsable de la mort du préfet a été identifié, la piste agricole, ou dossier 1337, est-elle restée ouverte pendant dix-huit ans ? Aucune investigation ayant pour but la manifestation de la vérité, c'est-à-dire de répondre à la question de savoir si ces trente et une personnes mises en examen avaient commis les faits qui leur étaient reprochés, n'a été accomplie après 2000, et le dernier interrogatoire date du 1er décembre 1999... La conviction des mis en cause est faite : ce dossier a servi à l'autorité judiciaire de cadre procédural lui permettant de mener des investigations sur les nationalistes en général – la loi impose que les actes d'enquête soient toujours accomplis dans le cadre d'une procédure déterminée. La piste agricole était, en quelque sorte, un « dossier poubelle ». Le 11 mai 2009, quand la juge Le Vert demande aux enquêteurs de « compléter les investigations, procéder de manière générale à tous actes d'enquête restant utiles à la manifestation de la vérité, auditions, confrontations, réquisitions, perquisitions ou saisies, joindre une synthèse actualisée des événements liés au terrorisme séparatiste en Corse et à son état à l'époque de commission des faits et [la] tenir strictement informée de l'évolution de [leurs] investigations », les assassins du préfet sont identifiés… depuis dix ans. Trente-trois procès-verbaux des renseignements généraux sur le terrorisme séparatiste en Corse sont ainsi versés au dossier, sans rapport aucun avec l'affaire.

En 2014, Me Emmanuel Mercinier-Pantalacci, le nouvel avocat de Mathieu Filidori et Gérard Serpentini notamment, constatant donc que le dossier prend la poussière depuis au moins quatre ans, prend rendez-vous avec la juge pour l'informer qu'il s'apprête à déposer une demande de clôture et de non-lieu. La veille de leur rencontre, dans un sursaut d'énergie, la juge d'instruction remet une pièce dans la machine et adresse à la police judiciaire un courrier demandant des précisions sur un procès-verbal figurant au dossier… depuis cinq ans. Stupéfait, un officier lui répond que le PV est relatif à un crime de droit commun commis onze ans auparavant et définitivement jugé depuis sept ans. Le défenseur des mis en cause s'insurge. La juge aurait-elle totalement perdu de vue les fondamentaux de sa fonction, à savoir « indépendance vis-à-vis de la police et du parquet, culture du doute, instruction à décharge et à charge » ?

À partir de cette date, d'abord tous les mois puis tous les lundis à 9 heures, il envoie un fax à la magistrate pour demander le non-lieu. La juge Le Vert va le refuser à plusieurs reprises sous des prétextes variés : l'information serait en voie d'achèvement mais doit encore se poursuivre quelques semaines « pour permettre de notifier aux nombreuses parties les rapports d'expertise ». Elle emploie aussi quelques artifices de procédure, comme des demandes d'adjonction de pièces. Elle ne clôturera le dossier par un non-lieu que le jour même de son départ à la retraite, en 2016, avec neuf lignes de motivation… Neuf lignes pour dix-huit ans de contrôle judiciaire. Neuf lignes pour une vie. L'affront de cette désinvolture fait encore trembler l'avocat. « Ce qui m'apparaît comme un scandale hors du commun n'aurait pas eu lieu sans une proximité contre nature entre la juge et son enquêteur. » Me Mercinier-Pantalacci décide d'engager la responsabilité civile de l'État et il attaque pour non-respect du délai de jugement raisonnable. Il reste convaincu que c'est cette action en responsabilité qui lui a permis d'obtenir le non-lieu. Il va gagner à la fois sur la mise en examen et sur le maintien du contrôle judiciaire. L'État est condamné pour faute lourde. Neuf plaignants seront ainsi indemnisés, d'abord à hauteur de 100 000 euros chacun, réduits en appel à la moitié pour certains.

Mathieu Filidori et Gérard Serpentini ont aussi porté plainte contre Roger Marion, considérant que l'ex-directeur d'enquête avait commis les délits de faux et usage de faux et de dénonciation calomnieuse en affirmant de « façon mensongère » à travers deux procès-verbaux que des explosifs et des détonateurs avaient été découverts dans leur propriété. Le policier a échappé aux poursuites faute de preuves, le gardien de la propriété,

Serge Garracio, étant décédé entretemps. L'affaire s'est donc achevée, elle aussi, en novembre 2021, par un non-lieu définitif, les chefs de faux et usage de faux étant d'ailleurs considérés comme prescrits, selon la juge.

Au total, trente et une personnes ont été ainsi maintenues en examen presque vingt ans, plus de six cent seize entendues, trois cent quarante-sept gardées à vue et quarante-deux écrouées. Cent mille PV ont été rédigés, des vieillards ont été embarqués dans des hameaux, des gens ont fait des mois de détention injustifiée. L'avocat conclut : « Mes clients ont été traités comme des moins-que-rien durant dix-huit ans : parce que corses, agriculteurs et nationalistes. Aujourd'hui le déshonneur a changé de camp… »

15

Missions « Smith »

Il exige, à tout moment de la journée, des photos d'elle dénudée ; lui donne parfois rendez-vous pour une fellation rapide, dans un réduit du 4e étage du cabinet d'affaires, un local exigu qui ne ferme pas à clé, situé à quelques pas des collaborateurs qui travaillent à leur bureau ; lui fait prendre des réservations d'hôtel ou de Airbnb pour assouvir ses pulsions sexuelles ; lui demande, enfin, si elle accepterait, à sa demande, de coucher avec des tiers… Pendant des mois, l'affaire a empoisonné les instances disciplinaires du conseil de l'ordre des avocats de Paris, très gêné à l'idée d'examiner des faits graves susceptibles d'être reprochés à une sommité du barreau. D'octobre 2018 à fin 2021, Pascal Agboyibor, fils de l'ancien Premier ministre du Togo, probablement l'avocat d'affaires parisien le plus puissant sur le continent africain, a fait l'objet de plusieurs investigations, pénale, disciplinaire et interne, suite à des signalements d'une jeune collaboratrice. Le 30 juin 2020, le parquet de Paris a finalement classé l'enquête pour proxénétisme et harcèlement sexuel après que la direction américaine du cabinet Orrick, dont Agboyibor était associé, a conclu un accord avec la plaignante. Le prix de son silence ? Dix millions de dollars.

Émilie – son prénom a été modifié par nos soins – est recommandée au cabinet Orrick à l'été 2017 par un dirigeant du groupe Rothschild. Deux associés la reçoivent et se montrent réticents à l'idée d'embaucher cette jeune femme, certes brillante mais qui souhaite poursuivre sa thèse en même temps qu'elle débutera cette collaboration. Ces ambitions leur paraissent incompatibles, d'autant que les connaissances techniques de la jeune avocate sont encore un peu fragiles. Un mois plus tard, Émilie rencontre Pascal Agboyibor, le ponte de la filiale française du cabinet, qui décide de la recruter, malgré les réserves de la direction des ressources humaines qui la trouve trop émotive et qui a déniché, sur Internet, un roman érotique écrit par elle quelques années plus tôt. Ce livre deviendra immédiatement un objet de discussion entre une jeune femme presque dépourvue d'expérience professionnelle et ce ponte du droit des affaires. Dès le début, leur relation est placée sous le signe du flirt. Leurs échanges sont un mélange de séduction lourde et insistante de son côté, et de dérobades embarrassées mais contradictoires. Il ne cache pas son attirance ; elle évoque par texto un « sentiment d'insécurité », et des fragilités psychologiques – tout en disant et répétant avoir envie de lui.

Une relation s'installe sur le lieu de travail et dans les hôtels et appartements non loin du cabinet. En pleine réunion du « board », il lui demande par texto des photos d'elle nue : « Le besoin est pressant, le vagin svp. » Ils s'envoient des messages crus – « Vous allez bien ? Une sucette dans 30 minutes ? », « Ça va, oui. Merci ! » – et passent à l'acte dans un placard à balais... Auprès de son Ordre, Émilie affirme ne pas avoir été toujours consentante, comme l'attestent des échanges avec son patron. « Je ne voulais pas avaler », lui écrit-elle en avril 2018, en sortant du réduit du quatrième étage. « J'aurais aimé que les choses se passent autrement – que vous ne me forciez pas à vous prendre dans ma bouche quand je ne le voulais plus, tout à l'heure ; et que vous fassiez autrement que sur mes mains et mon pantalon. » « Je suis désolé, répond-il. Vous ne m'en voulez pas trop, j'espère ? », « J'étais contente de vous revoir », « Nous reverrons-nous hors les murs demain ? », interroge alors la jeune femme.

Tout est ambigu dans cette relation, jusqu'aux « missions Smith » qu'il lui propose régulièrement. Ce nom de code désigne des liaisons avec d'autres hommes. « Allez-vous coucher avec des gens à ma demande ? », l'interroge-t-il ainsi un jour. Mais en mai 2018, Émilie entame une liaison avec un autre associé du cabinet. Son épouse l'apprend. Des bruits commencent à courir dans l'entreprise et ce d'autant plus que la jeune femme ne facture que très peu d'heures, et donc d'honoraires. Les autres collaborateurs ne lui adressent pas la parole. La direction des ressources humaines du cabinet propose de mettre fin au contrat de la jeune femme. Pascal Agboyibor, qui cherche à faire le moins de vagues possible, affirme qu'il va s'en occuper lui-même. Émilie se met en arrêt maladie et fait parvenir des courriers d'avocat à son ancien amant, lequel se garde bien de les transmettre à la direction des ressources humaines. Elle décide finalement de dénoncer les faits.

Il en résulte une enquête pénale, menée en France ; une procédure disciplinaire, conduite par le conseil de l'ordre des avocats de Paris ; et un audit en interne, mené par le cabinet, qui répond au droit américain. Cet audit sera évidemment le plus rapide. À l'américaine, un accord est passé entre Émilie et la firme, pour un montant de plusieurs millions de dollars. Cette convention est signée après la plainte que la jeune avocate a déposée devant la justice française. Lorsque le procureur de Paris apprend que la victime a été indemnisée, il renonce à poursuivre et classe l'affaire sans même entendre l'avocat, selon le conseil de ce dernier. Dans cette affaire, notre conception de la justice percute l'américaine, et la décision du parquet interroge : en France, la volonté de la victime est indifférente à l'action publique. Si le parquet considère qu'il y a matière à poursuivre, il doit le faire. On peut considérer que le cabinet Orrick a voulu éviter un scandale qui aurait pu grandement endommager sa réputation.

Devant les instances de l'ordre des avocats, Émilie parle en effet de « harcèlement lourd, pénible », allant « crescendo ». Elle explique avoir senti la pression que le grand avocat d'affaires exerçait sur elle, parle de son infériorité, de son impuissance. Pour lui, c'est l'inverse. Il affirme que la jeune femme a tout fait pour le séduire, lui envoyant des messages très clairs puis des mots crus, au point qu'il aurait « disjoncté littéralement ». Quant aux missions Smith, elles n'auraient aucune part de réalité, il s'agirait de fantasmes, d'obsessions – la lecture de leur correspondance permet de le laisser croire. Il avance que leur relation a dégénéré quand il lui a fait remarquer qu'elle ne travaillait pas assez et que leur liaison ne devait pas lui faire oublier ses obligations professionnelles. Émilie aurait alors répliqué à son licenciement par un « chantage », par lettres d'avocat.

Le harcèlement sexuel et les violences sexuelles au travail sont des faits parfaitement identifiés au sein de la profession d'avocat qui multiplie, depuis plusieurs années, des initiatives – lesquelles peinent cependant à s'imposer. Le barreau de Paris, qui promet une « tolérance zéro », a mis en place un système de « cabinets refuge » auxquels les collaboratrices et collaborateurs peuvent faire appel en cas de souffrance au travail. Une commission du barreau, la Comhadis, est dédiée exclusivement à ces situations. Le conseil de l'ordre de Paris a pourtant eu beaucoup de mal à s'emparer de l'affaire Agboyibor. Jugé au disciplinaire, notamment pour harcèlement et violation des principes essentiels de dignité, conscience, probité, humanité, honneur, délicatesse et désintéressement, cette sommité du droit des affaires a finalement, à l'automne 2021 et dans la plus grande discrétion, été suspendu par ses pairs pendant dix-huit mois. Une sanction dont il a fait appel. Son conseil n'a pas souhaité nous en dire davantage. L'avocat a quitté le cabinet Orrick et monté sa propre structure, Asafo & Co, déjà classée *Law firm of the Year* par le magazine *Jeune Afrique*. Son cabinet réunit plus de cent quatre-vingts juristes dans huit villes différentes, ce qui en fait un des plus importants sur le continent africain. Émilie, elle, a quitté la France et exerce désormais la profession d'avocate à son compte.

16

Les procureurs n'ont plus le pouvoir

Les élus et les préfets entretiennent parfois des liaisons ambiguës, voire dangereuses, qui contribuent à légitimer l'inquiétude des magistrats face à la nouvelle réorganisation de la police judiciaire voulue par le ministère de l'Intérieur. Cette réforme, très technique, des directions départementales de la police nationale prévoit qu'elles soient regroupées sous le commandement d'un directeur départemental, lui-même placé sous la houlette du préfet. Cet objectif de renforcer la maîtrise de l'autorité préfectorale sur la police nationale est explicitement exprimé dans le Livre blanc de la sécurité intérieure daté de novembre 2020. Dans les faits, cela revient à dire que les enquêtes judiciaires seront menées sous le contrôle du préfet.

Le monde de la magistrature n'a pas été associé à l'élaboration de cette réforme. Déjà mise en œuvre dans les DOM-TOM puis expérimentée avec plus ou moins de succès depuis le 1er janvier 2021 dans trois départements frontaliers (Pas-de-Calais, Pyrénées-Orientales et Savoie), elle vient d'être élargie à cinq de plus. Le problème est que, si la police judiciaire est rattachée au ministère de l'Intérieur, elle l'est aussi à l'autorité judiciaire : les services de police judiciaire travaillent sous le contrôle des procureurs et des juges d'instruction. Les magistrats redoutent de perdre la main sur les enquêtes, avec les risques d'atteinte à l'indépendance que cela suppose. Marc Cimamonti, procureur général à la cour d'appel de Versailles, dans un échange avec ses collègues, s'inquiète : « Le concept de "continuum de sécurité" élaboré par la Place Beauvau a immanquablement tendance à amalgamer sécurité et justice, sans distinguer les fonctions et les natures distinctes. »

Le malaise est d'autant plus vif que beaucoup de magistrats considèrent qu'en matière de politique pénale, le ministère de la Justice n'a cessé de reculer face au ministère de l'Intérieur, considéré comme le véritable prescripteur des multiples évolutions légales. À titre d'exemples récents, Marc Cimamonti relève la diffusion, en avril 2021, à l'en-tête du ministère de l'Intérieur, d'un « guide des bonnes pratiques pour la judiciarisation du maintien de l'ordre » ou encore d'une note de service du 31 mai 2021 de la Direction centrale de la sécurité publique relative au traitement suivi des procédures de violences conjugales. Cette orientation du travail de justice par le ministère de l'Intérieur apparaît comme un piétinement de son autonomie.

Officiellement, la réforme « vise à tirer la police par le haut, pas vers le bas », affirme-t-on place Beauvau.

Bref, à être plus efficace en optimisant les ressources humaines par filière et en mettant « plus de bleu sur le terrain », selon le slogan cher au président de la République. Le but est aussi de résorber les stocks de procédures non traitées, qui se chiffrent en centaines de milliers dans les services d'investigation des commissariats où les agents de police judiciaire manquent cruellement. Mais derrière ce besoin légitime de trouver des solutions pour une police judiciaire en crise, se devinent des enjeux plus politiques et moins avouables : la remise en cause du principe fondamental de la séparation des pouvoirs.

Durant des mois, magistrats et enquêteurs ont rongé leur frein et exprimé leurs inquiétudes en sourdine. Mais le 25 novembre 2021, dans le cadre d'États généraux de la justice organisés par la cour d'appel de Douai, le procureur général Frédéric Fèvre a lancé un pavé dans la mare : « La constitution nous donne autorité sur la police judiciaire. Réformer cela, cela veut dire que le parquet pourrait se retrouver sous l'autorité du préfet et du ministère de l'Intérieur. » Avec, par conséquent, la possibilité pour le pouvoir exécutif de faire en sorte que des enquêtes soient orientées ou passées à la trappe.

Depuis, Frédéric Veaux, le directeur général de la police nationale, a tenté de rassurer les magistrats en présentant à tous les procureurs de la République et à leurs supérieurs hiérarchiques, les procureurs généraux, le contenu de la fameuse réforme, et surtout sa feuille de route, lors d'un grand raout organisé au tribunal judiciaire de Paris par la Direction des affaires criminelles et des grâces. L'intitulé de la présentation se voulait rassurant. « Réforme de la police : les enjeux d'une revalorisation de la filière investigation au service des parquets. » Un procureur de la République, très remonté, s'insurge pourtant : « Tout ça, c'est de la com' institutionnelle, avec des éléments de langage. En réalité, on nous met devant le fait accompli à la fois sur le fond et sur la forme, c'est insupportable. »

Les directeurs départementaux de la police nationale, eux-mêmes sous la coupe des préfets, pourraient désormais influer sur le système. Ayant tout loisir d'allouer des moyens humains et techniques à leur guise, ils auront la possibilité de freiner l'avancée de tel ou tel type d'enquête. Marc Cimamonti pointe par exemple du doigt le risque de privilégier une opération coup de poing sur un point de deal au détriment d'une longue enquête de police judiciaire, moins spectaculaire et plus chronophage en effectifs.

Mais surtout, qu'en sera-t-il des enquêtes politico-financières ? L'entregent et le pouvoir de certains élus dans leurs départements les apparentent à des seigneurs féodaux et certains n'hésitent pas, pour se protéger, à actionner des relais au plus haut niveau du ministère de l'Intérieur.

« Le maître mot des préfets et des directeurs de la police nationale, c'est la proximité avec les élus, encore renforcée dans le cadre de la "police du quotidien". Mais la police judiciaire est susceptible de concerner des enquêtes sur les élus, on ne peut donc pas être en proximité avec ces derniers », martèle un procureur du sud de la France. Une petite histoire parmi d'autres illustre ce danger. Dans la région du Maine-et-Loire, le sous-préfet S. est nommé à Cholet. Sa mission est rendue particulièrement difficile par la personnalité du maire LR Gilles Bourdouleix, qui tient les rênes de la commune depuis 1995. Député du Maine-et-Loire de 2002 à 2017 et président de l'agglomération du Choletais depuis 2017, l'élu a défrayé la chronique pour avoir dit lors d'une altercation avec des gens du voyage que « Hitler n'en avait peut-être pas tué assez »... Cette personnalité controversée a beaucoup de relais et mène depuis toujours la vie dure aux préfets et sous-préfets. En 2021, trois enquêtes préliminaires ont été ouvertes à l'encontre de la mairie pour prise illégale d'intérêts, concussion, infractions à la réglementation sur les armes et faux et usage de faux.

Dans l'une de ces affaires, le sous-préfet a été averti de la possession d'armes sans habilitation par quatre agents de la police municipale (dont trois stagiaires). Au lieu d'effectuer un signalement à la justice, comme il aurait dû le faire, pour éviter « une guerre » avec le maire, il s'est contenté de prévenir le cabinet de ce dernier. « En théorie, le sous-préfet aurait dû effectuer un article 40 mais, dans le contexte de tension avec la mairie, il n'a pas voulu en remettre une couche et a donc prévenu le cabinet du maire de ce dysfonctionnement », analyse une source proche du dossier. Sollicité, le sous-préfet S.

affirme « qu'il est d'usage, pour ce genre d'irrégularités, d'informer les intéressés afin qu'ils se mettent en règle ». Sauf que là, même s'il ne pouvait le présager, le directeur de la police municipale, informé, au lieu de régler le problème, est soupçonné d'avoir falsifié le registre des armes pour effacer les traces du délit. Convoqué, il a obtenu un complément d'enquête et le renvoi de son procès. « Il n'a fait qu'obéir à une hiérarchie qui savait », a plaidé son avocat Me Olivier Rouiller. Muté depuis, le sous-préfet S. ne manquera pas d'être interrogé.

Des pressions sont parfois effectuées sur les directeurs de services régionaux ou interrégionaux de police judiciaire au moment des perquisitions ou des auditions. Il est arrivé qu'il soit suggéré d'auditionner un élu d'envergure ou un patron du CAC 40 dans son propre bureau plutôt que dans les locaux de la police. Moins infamant. « L'atout de la police est, comme le voulait Georges Clemenceau, d'être une police républicaine. Nous sommes sous l'autorité des magistrats, qui sont les garants d'enquêtes impartiales en matière politico-financière », expliquait, en octobre dernier, dans le journal *Le Midi Libre*, le commissaire divisionnaire Jean-Philippe Fougereau. Aujourd'hui, après trente-trois ans de police, ce grand flic qui était depuis dix ans à la tête du SRPJ de Montpellier a claqué la porte de l'institution. « Je suis extrêmement inquiet pour la démocratie », confie-t-il.

Les services régionaux ou interrégionaux de police judiciaire sont saisis de nombreuses enquêtes sur les élus locaux, notamment lors des campagnes électorales, quand les parquets sont destinataires de dénonciations venant de rivalités politiques. « La PJ enquête à charge et à décharge, et 80 % de ces enquêtes aboutissent à des classements sans suite parce que les faits sont infondés, inexacts ou prescrits. Mais c'est toujours après une *vraie* enquête », insiste Fougereau.

Cette réforme en marche fait donc vaciller, partout dans les territoires, un des piliers de notre démocratie, la séparation des pouvoirs, seule à même de limiter l'arbitraire et d'empêcher les abus.

17

Un FBI « extrêmement pauvre »

En cette fin d'année 2019, les magistrats du PNF sont inquiets. Les affaires ne sortent pas ou peu. Les critiques sur le manque d'efficacité de la justice anticorruption fleurissent dans la presse. Le record d'amendes obtenues cette année-là par le PNF – la somme astronomique de 5,7 milliards d'euros a été récupérée par la France, en grande partie grâce à des CRPC et CJIP – ne suffit pas à « cacher une situation critique sur le nombre de dossiers sortis », estime Éliane Houlette. Le sujet est abordé lors de l'assemblée générale du 2 décembre 2019. La patronne du PNF, à son habitude, volontiers brusque dans son management, ne mâche pas ses mots. Elle déplore que le niveau de réponse pénale reste beaucoup trop faible au regard du stock d'affaires en cours d'enquête, au nombre de cinq cent soixante-quatorze. « Ce niveau de réponse pénale est d'autant plus bas que sur les vingt-deux réponses pénales [rendues cette année, *Nda*], seules onze ont eu lieu à la suite d'une enquête préliminaire, poursuit la note. Sur ces onze enquêtes, seules quatre portent sur des faits véritablement complexes (...) Par extrapolation (...) sur cent procédures dont le PNF se saisit, seules douze d'entre elles aboutiraient ainsi à des poursuites. »

Six ans seulement après sa création, le PNF serait-il déjà à bout de souffle ? Ou, plus probablement, la situation s'explique-t-elle par le décalage, le trou béant même, qu'on constate entre le discours public sur la lutte contre la corruption et les moyens qui y sont effectivement alloués ? Les procureurs du PNF fonctionnent en binômes, un peu à la manière de juges d'instruction co-saisis. Chaque binôme se voit attribuer entre soixante-dix et quatre-vingts dossiers à gérer simultanément. Impossible ? « J'ai des enquêtes qui sont bloquées depuis un an et que je n'arrive pas à faire avancer. Il faut sans cesse faire des rappels pour que les dossiers sortent. Ici, on ne connaît pas la charge des services d'enquête, contrairement aux parquets locaux. Ce manque de vision ne permet pas d'être extrêmement directif », explique François-Xavier Dulin, vice-procureur au PNF, lors de son audition par l'Inspection générale de la justice. Le code de procédure pénale prévoit bien de fixer des délais maximum d'enquête. « Nous le faisons, répond le procureur Dulin, qui a soutenu l'accusation dans le procès des sondages de l'Élysée. Mais ils ne sont jamais respectés (...) Les instructions concernant les délais ne servent à rien, sauf en cas d'immédiateté. J'ai actuellement une enquête qui nécessite un acte avant d'être clôturée et cet acte n'est pas réalisé depuis un an. » « Je mets un délai pour éviter une nullité de la part d'un avocat mais le délai n'est jamais, jamais respecté, abonde son collègue, Arnaud de Laguiche, connu pour avoir requis contre Patrick Balkany. Régulièrement, j'envoie des mails de relance grâce à ma boîte mail et aux alertes que je prévois. Je ne fais pas de prorogation de délai. Tant que nous n'aurons pas la main sur la police judiciaire, les délais ne seront pas respectés. » L'encadrement de la durée des enquêtes préliminaires, limitées à deux ans, renouvelable pour une année seulement, pose de toute façon problème car c'est là que se jouent les grandes affaires financières. Trois ans, pour des investigations portant sur des dossiers financiers complexes, c'est très court. Un magistrat parisien met en garde : « Avec ça, on n'aura que les lampistes. Et c'est d'ailleurs l'idée. À la fin, il ne nous restera plus qu'à relâcher les lampistes, pour qu'au moins tout le monde soit à égalité. La messe est dite et elle est écrite depuis longtemps. »

Les procureurs se désolent des moyens accordés à l'OCLCIFF, l'Office central de lutte contre la corruption et les infractions financières et fiscales, créé avec l'ambition d'être un « FBI à la française », mais en réalité extrêmement pauvre pour ce qui concerne la section financière internationale ainsi que pour la section centrale de lutte contre la corruption. Ils ne sont qu'une quinzaine d'enquêteurs pour accomplir tout le travail lié à la lutte contre la corruption, ce qui est manifestement très insuffisant. Le service est mieux doté en matière fiscale avec des personnes mises à disposition par Bercy. Un procureur témoigne : « L'OCLCIFF, qui a beaucoup de dossiers, fait un acte dans un dossier et laisse passer un délai d'un an, puis un autre et ainsi de suite. Il n'y a aucune enquête sans temps mort. Cela se passe tout le temps comme ça en fait. Cela me désespère. Lorsqu'on fait une perquisition, les pièces saisies peuvent attendre un an avant d'être exploitées. »

En mai 2016, le PNF organise ainsi une série de perquisitions chez Google dans le cadre d'une vaste enquête fiscale et mène de nombreuses auditions chez des clients de la société. Des mois après, les procureurs se plaignent de ne toujours pas avoir pu organiser l'exploitation des scellés informatiques. Il faudra, un an plus tard, mettre en place une équipe de trois enquêteurs affectés à ce dossier, « une semaine sur deux », précise un magistrat. À la même époque, la firme américaine McDonald's fait également l'objet d'investigations pour blanchiment et les mêmes difficultés se posent, d'autant plus grandes que les documents saisis sont rédigés en anglais. « Pour l'instant, les enquêteurs procèdent à une traduction libre de ceux-ci mais une traduction officielle serait nécessaire. Ils sollicitent notre accord (OK mais il faut des devis) », écrit un procureur à Éliane Houlette. Toujours, la question des coûts.

L'OCLCIFF connaît ainsi une crise de vocation, les magistrats du PNF sont débordés, et la situation n'est guère plus réjouissante du côté des juges d'instruction du pôle financier. « Si vous voulez faire carrière, ne prenez pas un cabinet financier », plaisante un juge. Les affaires de corruption, de détournement de fonds publics, de financement illégal de campagne électorale, de prise illégale d'intérêts, de trafic d'influence, de blanchiment de fraude fiscale et autres délits d'initiés augurent de journées passionnantes, mais elles n'attirent que peu de magistrats, la complexité de ces infractions imposant un très haut niveau de spécialisation. Ils devront, le plus souvent en co-saisine avec un ou deux autres juges, traiter des contentieux ardus et donner le change à des avocats techniques et beaucoup plus nombreux. Le premier frein à l'efficacité de la réponse pénale, dans les affaires sensibles, se situe donc ici : des postes mal ou pas dotés, à l'attractivité toute relative.

Être juge financier, c'est attendre des mois le résultat d'une expertise informatique ou le retour d'une commission rogatoire internationale lancée pour retrouver des flux financiers réputés intraçables, dans des pays qui, le plus souvent, ne souhaitent pas collaborer… ou font semblant de le faire. C'est patienter en attendant l'exploitation des saisies ou encore s'abstenir de mener toute audition sur le fond tant que les cours d'appel et de cassation n'ont pas purgé les dizaines de nullités de procédure soulevées par des armadas d'avocats, parmi les plus influents du pays. C'est aussi affronter la pression médiatique, toujours plus forte à mesure qu'on approche de la vérité. « On a l'impression aujourd'hui qu'une mise en examen, c'est une Légion d'honneur ! On suscite soit l'indifférence la plus totale, soit une forme de mépris », ironise un juge. Les juges d'instruction étant indépendants, ils n'ont de compte à rendre à personne, sinon au président de la chambre de l'instruction de la cour d'appel dont ils dépendent. Leur notation est effectuée au doigt mouillé par le président du tribunal, qui ignore le plus souvent comment ils travaillent. Les juges d'instruction sont aussi les magistrats les plus revêches contre toute tentative de la hiérarchie de s'ingérer dans leurs investigations. « Il m'arrive d'être sollicité par le président de la juridiction qui, entrepris lors d'un cocktail par tel bâtonnier ou tel avocat en vue, sur une difficulté d'un dossier, demande à me voir ou cherche à avoir des informations », confie un juge. Dans ce cas-là, un seul réflexe : « Marquer son territoire », sourit-il. Difficile, dans ces conditions, d'évoluer rapidement… Pour toutes ces raisons, les magistrats financiers se lassent souvent plus vite que leurs collègues. Et il n'est pas rare de les voir partir pour d'autres juridictions après seulement deux ou trois ans en poste, alors même qu'ils commençaient tout juste à appréhender la matière.

Pour ces juges, la charge de travail est extrêmement lourde. « On devrait avoir vingt ou vingt-cinq dossiers au maximum, mais on en a quarante-cinq. Chaque interrogatoire nous demande entre trois et cinq jours de préparation. C'est extrêmement usant, explique un juriste expérimenté. Sur ces quarante-cinq dossiers, on en a quinze actifs, quinze en attente de commission rogatoire [acte juridique par lequel un juge délègue à un autre, à une autorité de police, ou à un service à l'étranger, une partie de l'enquête, *Nda*], et quinze qui sommeillent… » La répartition des dossiers varie aussi en fonction des tribunaux. À Paris, où sont instruites les affaires les plus médiatiques, cela dépend de la pratique du président. Jean-Michel Hayat, ancien patron du tribunal, avant de prendre la tête de la cour d'appel en octobre 2019, avait fait du choix des juges dans les affaires sensibles sa chasse gardée. Au point de se retrouver sous les feux nourris de la droite lorsqu'il avait décidé de nommer le combatif et diligent Serge Tournaire dans l'information judiciaire visant les époux Fillon. Ces derniers s'étaient retrouvés mis en examen moins de deux mois après les révélations du *Canard enchaîné* et un mois avant le premier tour de la présidentielle.

Depuis l'arrivée en provenance de Créteil du très diplomatique successeur de Jean-Michel Hayat, Stéphane Noël, et le départ des juges stars Serge Tournaire et Renaud Van Ruymbeke (qui se détestaient notoirement), les choses se sont normalisées. « On marche sur le modèle de la concertation », assure un magistrat parisien. L'attribution revient désormais au doyen des juges d'instruction du pôle financier, et chacun peut faire connaître son intérêt pour tel ou tel dossier, en fonction de ses compétences, de son appétence ou d'une bonne maîtrise du contexte dans lequel l'infraction a pu être commise. Un juge peut aussi préférer, au contraire, se mettre en retrait pour éviter, dans un dossier particulièrement sensible, d'être trop exposé et de ne plus pouvoir travailler sereinement.

Que ce soit côté police ou côté justice, la période est, clairement, à la reprise en main, par tout un tas de « petites entraves », de choses un peu « insidieuses » qui ralentissent les magistrats, explique l'un d'entre eux. Sous Dupond-Moretti, le secrétariat général du ministère de la Justice a par exemple diffusé une note interne rappelant aux juges qu'ils devaient faire valider leurs demandes de déplacement dans le cadre des commissions rogatoires internationales, c'est-à-dire lorsqu'une enquête implique des actes à l'étranger. Cette note est vue d'un très mauvais œil par les magistrats, qui ont le sentiment d'être « fliqués », et qui craignent même d'être empêchés d'agir le jour où leur séjour aura l'heur de déplaire au pouvoir, pour un motif diplomatique ou un autre. Si les juges financiers, de manière générale, travaillent en confiance totale avec les enquêteurs, il arrive que la hiérarchie policière, elle, leur mette quelques bâtons dans les roues. Avant de partir en voyage professionnel, les juges ont l'habitude, en amont, de débloquer d'éventuelles situations grâce aux policiers attachés de sécurité intérieure déployés dans les ambassades françaises. Ces derniers peuvent mettre un peu d'huile dans les rouages pour permettre d'auditionner quelqu'un, ou d'avoir accès à un document. Or la direction de la coopération internationale, qui dépend du ministère de l'Intérieur, exige désormais d'être en copie de tous les échanges avant d'autoriser ses agents à donner un coup de main aux magistrats. Il en résulte une importante perte de temps et, surtout, la désagréable impression, une fois encore, d'être surveillés.

Autre exemple : un juge a appris, un peu éberlué, qu'un simple officier de police judiciaire n'avait pas le droit de convoquer un ancien préfet. La tâche en revient au commissaire. « Soi-disant pour ne pas froisser... », lui a-t-il été expliqué.

Pour tuer ou ralentir les enquêtes embarrassantes, la méthode est simple : ne pas pourvoir des postes ouverts de juges ; assécher les moyens d'enquête ; compliquer les investigations lancées à l'international ; multiplier les recours. La lassitude et l'épuisement des magistrats feront le reste. Au temps pour cette fameuse « république des juges »...

18

Scènes de la vie de palais
Baux d'habitation

Au premier étage, dans le couloir des tutelles, a lieu le pot de départ d'une greffière qui a demandé sa mutation. On boit du jus d'orange dans des gobelets en carton, devant les bureaux vitrés des juges. C'est ici que le turn-over est le plus important ; les greffiers, à peine arrivés, demandent à repartir.

Les juges des contentieux de la protection tranchent les litiges civils portant sur les baux d'habitation, les préjudices inférieurs à 10 000 euros et les crédits à la consommation. C'est le nouveau nom des juges d'instance, disparus avec l'une des récentes réformes de la justice, celle de 2019, qui avait pour but de « simplifier la procédure ». Beaucoup de choses avaient alors pris un nom nouveau, sans que la procédure en paraisse particulièrement clarifiée. Cette fonction occupe la juge que nous rencontrons ce matin à 35 %. Le reste du temps, elle est juge des tutelles, et assure un service annexe au pénal qui la conduit à être assesseure une fois par mois environ.

Certaines semaines, elle mène ainsi deux auditions de tutelles, une civile et une pénale. D'autres, plus calmes, sont consacrées à la rédaction des jugements. Elle suit avec beaucoup d'intérêt le hashtag « Justice malade », apparu récemment, et se reconnaît dans beaucoup des posts. Elle se souvient avoir livré des valises de courriers à une collègue malade du Covid, pour éviter trop de retard, et quelqu'un a fait de même pour elle lorsqu'elle était en congé maladie lors d'une grossesse difficile ; elle a aussi tenu des audiences avec 39 degrés de fièvre... Son auditrice de justice est en arrêt maladie – elle a craqué, à quelques semaines de la fin de sa formation. Elle n'ira pas manifester lors du mouvement prévu dans quelques jours sous les fenêtres de Bercy, pour réclamer plus de moyens, mais elle a signé, comme près des deux tiers des magistrats, la tribune publiée dans *Le Monde* après le suicide d'une jeune juge placée – un peu l'équivalent du professeur remplaçant, le juge placé supplée ses collègues absents et assure les intérims. C'est éprouvant et cela demande une grande capacité d'adaptation, les fonctions exercées pouvant être très spécialisées.

La magistrate qui occupe le bureau voisin est d'ailleurs l'une des toutes premières signataires de la tribune – notre interlocutrice, elle, a mis plus longtemps, par habitude de la discrétion, par souci de loyauté, aussi, envers l'institution. Dans son bureau anonyme, impersonnel – il est interdit d'accrocher quoi que ce soit aux murs –, tout est blanc, froid. Seules tranches de couleur : les dossiers roses, verts et violets soigneusement rangés sur les étagères, dans l'armoire, et qui couvrent le bureau. En 2017, trois cent trente-trois mille contentieux liés à l'habitat ont été traités par les tribunaux. Le chiffre est en augmentation.

Elle enfile sa robe, félicite en passant la fonctionnaire sur le départ et se hâte vers une des grandes salles du tribunal, chargée de ses trente-six dossiers du jour et de ses gros codes civils. En chemin, elle retrouve la greffière affectée à son audience – elles s'apprécient et se saluent chaleureusement, la greffière est très expérimentée, la juge est rassurée –, ainsi que l'huissier dont le rôle va consister à appeler d'une voix forte les parties. Ils entrent tous les trois par la porte du fond, précédés de l'huissier qui tonne : « Mesdames et Messieurs, le tribunal. » Tout le monde se lève et la juge s'installe face à un amphithéâtre rempli de robes noires au milieu desquelles on découvre, isolés, quelques civils égarés. L'enjeu de l'audience des baux d'habitation, c'est celui du toit sur la tête, et c'est cette angoisse qui se lit dans leur regard.

La juge, les yeux souriants et la voix toujours égale, va d'abord appeler un à un tous les dossiers afin de vérifier qu'ils sont en état et que les parties sont présentes. Ensuite seulement, elle entendra les plaidoiries. Dans les travées, des grappes d'avocats discutent par petits groupes, à l'aise.

Le premier avocat demande un renvoi : « Monsieur est décédé, nous venons de l'apprendre. » Une deuxième vient d'arriver, en retard, essoufflée : « Je vais juste enfiler ma robe, j'arrive. — Faites, Maître, je vous rappellerai après. » Les suivants aussi demandent des renvois.

« Quelle est votre position ? s'enquiert la juge auprès de la partie adverse.

— Ah ben c'est une opposition ferme à cette demande. » Quelques avocats se marrent, la juge sourit derrière son masque.

« Attention, il y a deux Fofana, intervient ensuite un défenseur. Pour le mien, ce n'est pas un désistement. »

La juge appelle un nouveau nom :

« Est-ce qu'il y a aussi une Mme Dumond ? interroge la juge.

— Non, répond M. Dumond.

— Pourtant j'en vois une dans mon dossier, qui est visée.

— C'était au cas où, répond le représentant du bailleur.

— Ben y a pas de Mme Dumond en tout cas, fait savoir le locataire. Ni sur le bail, ni dans ma vie. »

Un vieil homme ridé demande qu'on lui note quelque part la date de son renvoi. Les Restos du cœur ont ouvert une procédure contre une de leurs locataires, qui s'est depuis remise à payer. Un homme seul fait face à un avocat, qui commence : « Loin de moi l'idée de plaider sur le fond, mais la dette ne faisant qu'augmenter…

— Vous êtes au fond, justement, Maître », le reprend doucement la juge.

L'homme n'a pas payé son loyer depuis six mois. Elle les entendra tout à l'heure. Une jeune étudiante, dont le père est caution, a perdu son job depuis la crise sanitaire et s'est enfoncée dans des impayés qui se chiffrent à plusieurs milliers d'euros. Tous les bailleurs sociaux, RIVP,

3F, Paris Habitat, sont là, représentés par leurs avocats spécialisés. Lorsque le locataire est présent, la juge les invite à se rapprocher et à tenter de trouver un accord tandis qu'elle poursuit son appel. Au fond de la salle, une femme en turban est assise, immobile, hiératique.

Une dame blonde se présente à la barre : « J'ai entendu la date des reports dans les autres cas, mais moi je ne pourrai pas. J'ai un fils handicapé et nous avons une réunion très importante avec l'école au sujet de son entrée ou non au collège. » La juge propose une autre solution.

Les locataires affichent tous les profils sociaux, toutes les couleurs de peau. Les avocats aussi. Sous les robes, on distingue des baskets usées ou à la mode, des jeans, des bottes. Un jeune avocat, ébouriffé, demande à ce qu'on avance son dossier car il doit récupérer son enfant à la crèche avant 18 heures, quelques autres voix masculines se font entendre, « moi aussi, moi aussi ». L'un a une autre audience en cours à la commission de surendettement, au même moment, dans la salle voisine, il échange son tour avec un confrère ; un dernier part en vacances ce soir, un énorme sac de randonnée est posé à côté de lui. La juge fait de son mieux pour les satisfaire. Une autre, encore, s'est trompée de salle d'audience : « C'est pour une ACR ? l'interroge la juge.

— C'est quoi une ACR ? s'inquiète la jeune avocate.

— Si vous ne savez pas, c'est que vous n'êtes pas au bon endroit. »

Les dettes des locataires s'échelonnent d'un millier d'euros à plusieurs dizaines de milliers. Un particulier, procédurier méticuleux, a attaqué son bailleur pour une histoire compliquée au sujet des charges. Il chausse ses lunettes pour lire sa propre plaidoirie, l'avocate qui lui fait face s'arrache les cheveux d'irritation.

Une femme livide s'avance. Elle n'a pas payé son loyer depuis deux ans. « Je n'ai aucune excuse. Quand mon mari est tombé malade, j'ai quitté mon travail pour veiller sur lui. Il est mort en 2019. Quarante ans de vie commune, je… je me suis effondrée. J'ai arrêté de sortir de la maison, je n'ai plus ouvert mes courriers. Je ne touche aucun revenu. J'ai tout laissé filer. Mais ça va mieux. Je suis là aujourd'hui. J'ai pris rendez-vous à Pôle emploi. Je vais retrouver du travail, et je rembourserai tout. Je vous demande pardon. »

Elle est très émue, l'avocate, en face, ne dit rien. Mais la femme doit 16 000 euros, n'a pas de travail, n'a pas repris le règlement – c'est la condition minimale pour un maintien dans les lieux. À la fin de la trêve hivernale, elle sera expulsée.

Un couple de retraités, malades, s'est fait représenter par leur fille. Elle n'a pas pris d'homme de loi, pour économiser l'argent. Le locataire est là, un styliste qui gagne sa vie de manière épisodique et paie son loyer de la même façon. « Mes parents avaient investi dans ce petit appartement pour financer leur retraite. Aujourd'hui, ils n'ont plus rien. Ma mère a même dû renoncer à sa mutuelle. Monsieur est très sympathique, mais il faut que cela cesse. »

Par moments, un bourdonnement monte de la salle où des avocats sont occupés à établir des échelonnements sur trente-six mois des dettes des locataires.

C'est au tour de la femme au turban. Elle a recommencé à régler ses loyers, elle propose un échelonnement.

« Merci, Maître, dit-elle à la juge à la fin de son exposé. Enfin, je ne sais pas si on dit Maître.

— On dit Madame le président, propose l'huissier.

— Ce n'est pas grave », dit la juge.

L'audience est terminée.

19

Omar Raddad, l'enquête secrète

Sur le procès-verbal, on lit des mots crus, cliniques, un langage de flic : la découverte, le 24 juin 1991, dans la chaufferie d'une maison de Mougins, du « corps sans vie » de Ghislaine Marchal, soixante-huit ans, « allongé sur le ventre » et bardé « de nombreuses blessures, probablement occasionnées par une arme blanche ». Les gendarmes chargés des investigations relèvent : « Plus précisément, une dizaine de coups transperçants, une plaie béante sous la gorge, une plaie importante sur le cuir chevelu, une éventration ayant provoqué l'expulsion de viscères et l'écrasement de la première phalange du majeur de la main gauche. » La scène, horrifique, est inhabituelle : la victime est enfermée à clé dans la cave mais a pris le soin de se barricader avec un lit pliant. Les képis s'interrogent : « Craignait-elle un retour de son agresseur ? » De l'argent a été dérobé dans le sac de la vieille dame mais son appartement n'a pas été cambriolé. Sur deux portes différentes, des inscriptions, en lettres de sang, se détachent. « L'une d'elles est sans équivoque, écrivent encore les enquêteurs : “Omar m’a tuer” (orthographe respectée). » Cette faute de conjugaison, la plus célèbre de l’histoire criminelle, est le début d’un mystère à rebondissements.

Le coupable paraît tout trouvé. Il s’appelle Omar, c’est la principale charge qui pèse sur lui. Nom de famille : Raddad. Sur tous les écrans de télévision apparaît son visage fin barré d’une moustache et surmonté de cheveux noirs et courts, coiffés en brosse. Ce jeune homme de vingt-huit ans, au regard qui se perd, est le jardinier de Ghislaine Marchal et tout indique qu’elle l’a désigné comme son meurtrier, quelques instants avant de mourir. Lui jure de son innocence. Le roi du Maroc, Hassan II, qui suit l’affaire de près, charge de sa défense le plus bouillonnant avocat de l’époque, Jacques Vergès, qui mobilisera en faveur du jardinier une partie de l’élite intellectuelle française. Cela ne lui épargne pas, en 1994, une peine de réclusion criminelle de dix-huit ans, prononcée par la cour d’assises des Alpes-Maritimes. Le verdict déclenche un immense tollé. Jacques Vergès en fait une affaire politique, assure que son client a été condamné sans preuve, parce qu’il était marocain. Des accusations de racisme visant à cacher la faiblesse de la défense, répondent ses détracteurs.

Deux ans plus tard, en 1996, Omar Raddad est gracié par le président Chirac quelques jours après la visite en France d’Hassan II. Un geste de clémence qui est « une bonne manière faite au roi du Maroc », selon *Le Monde*. Le condamné est libre. Mais il n’est pas officiellement reconnu innocent.

Depuis trente ans, ses avocats – aujourd'hui Me Sylvie Noachovitch – réclament une révision du procès et la réhabilitation d'Omar Raddad. La tentative a échoué en 2001, où une expertise en écriture avait fait naître des doutes sur la paternité des inscriptions « Omar m'a tuer ». Des empreintes génétiques inconnues avaient également été relevées dans la cave. Mais le 20 novembre 2002, la Cour de révision tranchait qu'aucun élément nouveau ne lui avait été présenté susceptible de « faire naître un doute sur la culpabilité du condamné ». L'ADN masculin prélevé sur la scène de crime ? « Il est impossible de déterminer à quel moment, antérieur, concomitant ou postérieur au meurtre ces traces ont été laissées. »

Ce n'est qu'en décembre 2021 que la justice a enfin accepté de rouvrir le dossier et de mener quelques actes d'enquête supplémentaires, portant notamment sur cet ADN. La voie vers un nouveau procès est peut-être ouverte.

Mais il existe quelque part une enquête parallèle, menée en secret par des gendarmes chevronnés et dont les magistrats de la Cour de révision n'ont jamais été informés. Cette piste, suivie depuis le mois de septembre 2002, au moment même où le premier recours d'Omar Raddad était examiné, conduit à une bande de voyous slaves. Les investigations des pandores ont été enterrées sous deux décennies de silence gêné par la hiérarchie de la gendarmerie, qui ne voyait guère d'intérêt à remettre en cause ses propres conclusions… Quant au parquet de Grasse, qui avait pourtant donné son aval à ces investigations à plusieurs reprises, il a sans doute pris conscience qu'explorer des pistes vierges en plein réexamen de l'affaire Marchal par la Cour de cassation n'était pas très opportun. Et pourtant, la clé de l'énigme se cache peut-être là.

Tout commence en septembre 2002. Le lieutenant-colonel S., un gendarme aux solides états de service, en poste dans le sud de la France, reçoit les confidences d'une habitante de Cagnes-sur-Mer. L'informatrice, qui vient de regarder à la télévision une émission consacrée à ce fait divers, affirme ne plus pouvoir se taire. Selon elle, Ghislaine Marchal fréquentait avant son décès un restaurant de Cagnes, où elle parlait assez librement avec les serveuses de sa vie, de ses biens et de son jardinier, Omar, qui l'y avait même accompagnée à plusieurs reprises. Elle avait fini par attirer l'attention du patron, connu à l'époque par les services de police comme un repris de justice, appelons-le Fernand, qu'elle tutoyait, ignorant sans doute que l'homme était soupçonné d'organiser des cambriolages dans toute la région. Selon la source du lieutenant-colonel, c'est Fernand qui aurait décidé de s'en prendre à la victime, épaulé par une équipe. Plusieurs personnes auraient été témoins des préparatifs de l'opération, et l'habitante de Cagnes-sur-Mer évoque même une colère du patron, furieux que son plan prenne du retard. L'informatrice explique enfin que Fernand aurait également monté de toutes pièces une fusillade dont il a été victime quelque temps plus tard, et qui n'est pas liée à l'affaire mais dont les gendarmes pourront vérifier la véracité.

Forts de ces renseignements, les gendarmes se rendent dans le bureau du procureur de Grasse, Raymond Doumas, lequel délivre discrètement un « soit-transmis », un document qui les autorise à poursuivre leur enquête. Leurs investigations vont durer deux ans, sans publicité.

Les képis procèdent à de premières vérifications sommaires et apprennent que ledit Fernand, qui tient en sous-main plusieurs établissements fréquentés par les milieux niçois et gitan, est actuellement incarcéré pour une tentative d'assassinat… Il est décrit par tous les témoins interrogés comme violent, flambeur. Des hommes d'origine slave font effectivement partie de son entourage. Le 15 mai 2003, les gendarmes écrivent en clôture de leur procès-verbal de synthèse : « Les divers renseignements que nous avons recueillis pour faire suite aux confidences reçues par le lieutenant-colonel S. confirment avec certitude la présence d'individus peu recommandables dans l'environnement proche de Fernand (…) Les informations confiées à l'officier de gendarmerie sur les circonstances du meurtre de Mme Marchal semblent réelles, incontournables et avérées. En conséquence, des investigations complémentaires avec des moyens et un cadre adaptés seraient susceptibles d'apporter des éclaircissements ou éléments nouveaux sur ces agissements ». Dans le jargon des enquêteurs, on appelle cela « fermer des portes », c'est-à-dire éliminer méthodiquement, les uns après les autres, les suspects possibles.

Le 10 juin 2003, un nouveau soit-transmis est émis par le procureur afin de poursuivre ces investigations, qui vont durer l'été et s'orienter sur la gestion du restaurant de Fernand, sans apporter d'éléments intéressants. Quelques mois plus tard, un capitaine de gendarmerie, Philippe M., reprend le dossier depuis le début. D'après lui, les renseignements apportés par l'informatrice « ne relèvent pas d'une machination quelconque puisque certains d'entre eux, bien que ne touchant pas au fait majeur, sont réels (...) Les enquêteurs, qui ont approché ladite personne, l'estiment non atteinte de paranoïa donc fiable, mais elle désire néanmoins rester anonyme puisque passablement inquiète sur une éventuelle vengeance de la part de la personne qu'elle incrimine dont elle connaît la dangerosité ». Le capitaine Philippe M. conclut : « L'ensemble des investigations n'a pas, à ce jour, permis d'apporter (...) d'éléments probants et matériels sur la commission des faits et ce principalement du fait de l'espace-temps entre cette phase d'enquête et l'antériorité des faits. » En clair : l'informatrice est fiable, les éléments apportés sont crédibles et convaincants, mais il sera difficile de découvrir le coupable, en raison du temps écoulé depuis le meurtre de Ghislaine Marchal.

À partir de ce moment, quatre procès-verbaux distincts vont être rédigés mais un seul d'entre eux, daté du 3 janvier 2004, sera signé et transmis au procureur de la République. Dans celui-ci, le capitaine estime que « d'autres investigations peuvent être diligentées tant sur la personnalité de la victime, sur la ou les personnes désignées par l'informateur, sur les possibles liens qui pouvaient exister entre eux, et enfin sur le mobile ». Il réclame un

« support juridique idoine » qui lui permettrait de procéder à des actes divers : réquisitions bancaires, prélèvements de police technique et scientifique, perquisitions, auditions… Surtout, le gendarme réclame l'autorisation de mener une « étude approfondie des procédures initiales afin de mettre en exergue par infirmation ou confirmation la réalité des faits par rapport aux constatations et témoignages ». Le procureur de la République ne donnera jamais suite.

En réalité, Philippe M., comme le montre un des procès-verbaux qui n'a pas été transmis mais dont copie a pourtant été conservée, a déjà pris cette liberté et a eu la possibilité de consulter la totalité du dossier d'instruction consacré à l'affaire Marchal/Raddad. Sur six pages très détaillées, il exprime ses doutes et ses interrogations quant à l'enquête originelle menée par ses collègues. Des réflexions qui n'ont « aucune vocation à polémique mais simplement à questionnement », prend-il le soin de préciser dans ce PV, dont la conclusion est identique : « D'autres investigations peuvent être diligentées. » En préambule d'un énième compte rendu d'investigation, non transmis lui aussi, le gendarme écrit enfin : « Au vu des éléments recueillis dans le cadre du soit-transmis de M. le procureur de la République de Grasse, en date du 10 juin 2003, il apparaît donc utile de procéder à une analyse complète de la procédure afin de tenter de déterminer s'il existe des éléments qui pourraient infirmer ou confirmer une nouvelle thèse dans ce dossier, voire permettre d'ouvrir si nécessaire des pistes d'investigations utiles à la manifestation de la vérité. » C'est, ni plus ni moins, ce que réclame Omar Raddad depuis des années.

Alors que s'est-il passé ? Pourquoi cette enquête n'a-t-elle pas prospéré ? La hiérarchie judiciaire y a-t-elle mis un terme ? Nous dérangeons le lieutenant-colonel S. qui, du fond de sa retraite dans le Midi, ne s'attendait pas à notre appel. « Par téléphone, c'est difficile d'en parler. Ce que je sais, c'est que la personne qui m'a donné ces renseignements, elle était fiable. Si ça avait été une folle, hein, bon… » Le procureur de Grasse a bel et bien autorisé des investigations, avant de confier le dossier au capitaine Philippe M., à Nice, confirme-t-il. La suite ? Le lieutenant-colonel assure ne pas savoir ce qu'il est advenu de la procédure. « Il m'a été dit à un moment que cette femme [l'informatrice, *Nda*] racontait des conneries. Ça, ça m'a été dit. »

Philippe M., lui, livre une autre version. Il confirme avoir rédigé plusieurs PV distincts, en laissant le choix à son supérieur, le lieutenant-colonel S., de celui qu'il conviendrait de transmettre au procureur de la République. « J'ai repris l'enquête sous plusieurs formats : sous le format du tuyau et sur l'aspect des constatations qui avaient été faites à l'époque, et qui m'avaient un peu interpellé (…) J'ai relevé, je ne sais pas si c'est à tort ou à raison, quelques fragments, à mon avis, qui collaient pas. Mais bon. Inch'Allah, hein ! Après, on a demandé au procureur de la République de Grasse de poursuivre les investigations. (…) C'était un peu compliqué d'aller activer les comptes bancaires de Pierre, de Paul, etc., d'activer des écoutes et c'est devenu lettre morte. Est-ce que la procédure a été envoyée à la Chancellerie (j'en sais rien, c'est des supputations) ? Est-ce que la Chancellerie a pas voulu bouger pour des raisons politico-machin ? Je ne sais pas. Le dossier est mort de sa belle mort (...) Après je m'en suis plus occupé (...) On pensait que le proc reviendrait vers nous (...) Y a plus jamais eu de nouvelles. »

S'est-on empressé de refermer une enquête qui était susceptible de jeter l'opprobre sur les gendarmes qui avaient géré les premiers l'affaire Omar Raddad ? Ou bien la hiérarchie judiciaire a-t-elle estimé, tout simplement, que les dénonciations de l'informatrice n'étaient pas suffisamment étayées pour aller plus loin ? Gabriel Bestard, le procureur général près la cour d'appel d'Aix-en-Provence, dont dépend le parquet de Grasse, n'a quant à lui « absolument aucun souvenir de cela. L'affaire Omar Raddad, ça me dit quelque chose. Mais alors ce dont vous me parlez là, je ne suis absolument pas au courant (...) Vous savez, contrairement à ce que pensent les journalistes, les procureurs généraux (...) ne sont pas intimement mêlés aux affaires. » Malgré nos sollicitations répétées, Jean-Claude Marin, le directeur des affaires criminelles et des grâces de l'époque, ne nous a jamais répondu.

Peut-être cette enquête, si elle avait été approfondie, n'aurait-elle débouché sur rien. Peut-être qu'il n'y a pas d'alternative à la culpabilité d'Omar Raddad. Mais pourquoi, quand ces investigations secrètes étaient susceptibles d'alimenter la longue enquête autour de la mort de Ghislaine Marchal, et alors même que des magistrats de la Cour de cassation s'interrogent sur une décision de justice prise il y a deux décennies, a-t-on fait le choix de cacher des informations susceptibles de servir la vérité ?

20

La mauvaise foi du palais

Décembre 2017. En plein procès Georges Tron, le maire de Draveil adepte de réflexologie plantaire et accusé de viol, France 2 diffuse l'émission « Envoyé Spécial », dans laquelle les plaignantes et leurs avocats prennent la parole. Éric Dupond-Moretti tonne contre une atteinte intolérable à la présomption d'innocence et fait un esclandre. Il réclame le renvoi du procès, ce qui lui est refusé. Le pénaliste révèle alors à la barre que le juge Régis de Jorna aurait avoué, en privé, qu'il aurait préféré que l'audience, en plein mouvement MeToo, soit présidée par une femme, et que la pression médiatique empêchait de juger sereinement les faits. Ces propos lui ont été rapportés par les parties civiles.

Régis de Jorna, sans nier la teneur des échanges, s'indigne de ce que Dupond-Moretti colporte des conversations de couloir tenues sous ce qu'on appelle « la foi du palais ». Alors que la tension atteint son apogée, le juge décide finalement de reporter le procès : « L'audience est terminée. » Dupond-Moretti a gagné mais il vient aussi, définitivement – ce n'est pas le premier incident du genre, loin s'en faut –, de se coller une réputation de bouffeur de juges.

Le 16 janvier 2018, à l'occasion de la rentrée solennelle de la cour d'appel de Paris, la procureure générale Catherine Champrenault tacle l'avocat dans son discours, sans le nommer. « Parasiter l'audience de la cour d'assises par des incidents multiples qui amènent à un renvoi de l'affaire en session ultérieure est contraire à l'essence même du débat judiciaire qui se nourrit de la confrontation pacifique des analyses et des convictions. (…) Il nous incombe en effet d'éviter qu'une défense de rupture se transforme en stratégie d'obstruction du cours de la justice. »

Éric Dupond-Moretti attendra un an avant de lui répondre. Le 5 février 2019, dans une lettre d'abord destinée à être rendue publique mais qu'il renonce finalement à publier, le ténor du barreau écrit : « J'ai longtemps attendu avant de prendre la plume, le temps est gentilhomme. Vous avez, dans votre discours de rentrée solennelle, cru devoir me morigéner à raison du comportement que vous m'avez prêté lors de la première évocation du dossier Tron devant les assises. Vous l'avez fait sans citer mon nom et vous m'avez reproché d'adopter une "défense de rupture", expression dont à l'évidence vous ne connaissez pas le sens. La défense de rupture théorisée par Jacques Vergès, pendant la guerre d'Algérie, consiste à ne reconnaître à ses juges aucune légitimité. Mais peu importe vos approximations. » Il rappelle que les magistrats ont saisi le barreau afin que des poursuites soient intentées contre lui, accusé d'avoir violé la foi du palais et conclut avec superbe : « Alors c'est vrai, j'ai violé la mauvaise foi du palais. »

21

Chasse à la taupe et déclaration de guerre

En février 2014, des écoutes téléphoniques font apparaître que Nicolas Sarkozy et son avocat, Thierry Herzog, sont en contact avec un magistrat de la Cour de cassation, Gilbert Azibert, qui les aide à obtenir des informations confidentielles sur une procédure judiciaire en cours visant l'ancien chef de l'État. C'est la fameuse affaire « Bismuth », du nom de la ligne téléphonique ouverte pour Nicolas Sarkozy sous une fausse identité. Le 25 février 2014, les conversations de Nicolas Sarkozy et de son conseil sur le téléphone occulte cessent subitement, faisant soupçonner une fuite au sommet de l'appareil judiciaire ou policier. Cela marque le début d'une des enquêtes les plus sensibles du siècle, ou comment une poignée de magistrats du parquet national financier se sont mis en tête de traquer, parmi leurs pairs, la taupe qui informait en temps réel Nicolas Sarkozy et son entourage d'actes d'enquête les concernant.

En août 2019, le procureur financier adjoint relate ainsi son sentiment : « Il ne fait aucun doute que Thierry

Herzog [l'avocat de l'ancien chef de l'État, *Nda*] puis Nicolas Sarkozy ont été informés, directement ou indirectement, par un individu détenteur d'un secret professionnel, de l'existence d'une procédure relative aux faits de trafic d'influence, de corruption et de violation du secret professionnel et/ou du placement sous surveillance téléphonique des lignes occultes utilisées par les intéressés. » Il en est certain, c'est un homme de loi qui les a avertis que leurs téléphones avaient été placés sur écoute… Pour les magistrats, il apparaît rapidement que l'information a été obtenue par Thierry Herzog le 25 février 2014 au matin, juste avant qu'il ne s'envole à Monaco pour y retrouver Nicolas Sarkozy, et que cette information a vraisemblablement transité par le cabinet Veil Jourde avec qui il avait été en contact le matin même. Pierre-François Veil conteste vivement et ironise sur les soupçons du parquet. Les procureurs du PNF sortent les grands moyens et réquisitionnent les factures téléphoniques détaillées de plusieurs gros cabinets parisiens (Dupond-Moretti, Canu-Bernard, Temime, etc.). Ils n'hésitent pas non plus à faire éplucher la liste des appels entrants et sortants des magistrats, procureurs comme juges, du pôle financier. En août 2019, cependant, cinq ans après le début de l'enquête, les investigations n'ont toujours rien donné. Pour avancer, il faudrait pouvoir identifier « les titulaires des 2 500 téléphones ayant activé les bornes dans la zone du cabinet Veil et Jourde », reconnaît le procureur national adjoint. Qui ajoute : « Cela reste possible mais au prix d'un long travail dont le résultat reste incertain. »

Le commandant Vidal, de l'Office central anti-corruption, ne dit pas autre chose quand, interrogé par l'Inspection générale de la justice, il déclare : « On cherche activement dans un premier temps en tirant plusieurs fils, l'un après l'autre. Quand nous arrivons au bout de ces fils, nous patinons un peu. Tout cela s'est fait en étroite concertation avec les magistrats. Nous n'identifions pas de source de fuite de manière formelle et irréfutable. Ce qui était urgent au départ le devient moins. » L'enquête finira par être classée sans suite, l'infraction étant insuffisamment caractérisée. Problème : il n'est pas question de transmettre son contenu à Nicolas Sarkozy et à sa défense, sous peine d'affaiblir l'accusation dans le dossier Bismuth, qui doit lui valoir bientôt une comparution devant le tribunal pour corruption et trafic d'influence. Personne ne souhaite en effet donner du grain à moudre aux sarkozystes, lesquels font déjà tout pour retarder leur procès, comme l'explique Éliane Houlette, la patronne du PNF, le 7 février 2017 à la procureure générale près la cour d'appel de Paris. Les mis en examen, en multipliant les procédures, les appels, les demandes de suspension et les pourvois, dont l'examen par les juridictions induit de longs délais, sont en effet parvenus à geler le cours de l'information judiciaire pendant dix-huit mois. « Comme j'ai eu l'occasion de le relever dans un précédent rapport, cette procédure est emblématique de la manière dont un usage habile de la procédure pénale, sous couvert d'exercice des droits de la défense, permet d'aboutir à une quasi-paralysie d'un dossier. (...) Les instruments procéduraux ont été utilisés à seule fin de tirer profit de l'engorgement des juridictions et d'entraver le cours de la justice », accuse-t-elle, cinglante.

Entre 2014 et 2019, l'enquête préliminaire du PNF pour débusquer la taupe reste au point mort, sans que la défense en ait jamais connaissance. C'est une « enquête-poubelle » par excellence, une procédure dans laquelle on peut verser en toute discrétion les actes diligentés, avant de la refermer… sans publicité.

Lorsque l'« affaire des fadettes » est révélée au grand public par *Le Point* à l'été 2020, une intense polémique éclate. Les avocats dénoncent une atteinte intolérable à leur secret professionnel et sont rejoints par quelques juges, dont le célèbre Renaud Van Ruymbeke, choqué à l'idée que des procureurs aient mené des actes d'investigation sur des juges et des avocats, et examiné leurs contacts téléphoniques, avant de laisser mourir l'enquête pendant cinq longues années sans interroger personne. Éric Dupond-Moretti, dont les fadettes ont été épluchées sur une période de quinze jours, dépose plainte et tonne contre des « méthodes de barbouzes ». Un an plus tard, il retirera sa plainte juste avant d'être nommé garde des Sceaux et de devenir le supérieur hiérarchique de ces procureurs qu'il a admonestés publiquement. Une des plus graves crises qu'ait jamais connues le ministère de la Justice est sur le point de débuter.

La nomination d'Éric Dupond-Moretti comme garde des Sceaux est vécue comme une offensive par la magistrature – et c'est, a minima, un acte de méfiance à leur égard. C'est un message de l'Élysée, bien pesé, de défiance envers le pouvoir des juges, presque un manifeste, une réaffirmation de la suprématie du politique sur la justice, et ce quel que soit le bord… D'autant qu'Éric Dupond-Moretti, depuis ses débuts comme avocat, n'a jamais retenu sa violence à l'endroit des procureurs qu'il n'aime rien tant que rudoyer – eux diraient « humilier » – lors des procès d'assises qui ont fait sa célébrité. Contrairement à un Badinter dont la situation est comparable – un grand avocat devenu ministre –, le nouveau garde des Sceaux n'a pas de hauteur de vue particulière sur sa matière. C'est un instinctif, un plaideur virulent et parfois touché par la grâce, qui a du flair – mais pas de vision. Il s'agit donc bien plutôt d'un rappel à l'ordre d'une classe à une autre. D'autant qu'au même moment, Emmanuel Macron tient des discours sur la responsabilisation des magistrats et met publiquement sur la table la question du faible nombre de décisions disciplinaires les visant chaque année. Comme pour rappeler qu'ils ne sont pas, eux non plus, à l'abri du contrôle. C'est d'ailleurs bien ainsi que le comprend l'ensemble de la profession. « Nommer une personnalité aussi clivante et qui méprise à ce point les magistrats, c'est une déclaration de guerre à la magistrature », écrit, le 7 juillet 2020, l'Union syndicale des magistrats (USM, majoritaire), avant même le discours de passation de pouvoir.

Le 15 septembre, l'Inspection générale de la justice rend son rapport sur le PNF dans l'affaire des fadettes et conclut qu'aucune faute personnelle n'a été commise par les procureurs, bien qu'un certain nombre de dysfonctionnements aient pu être mis en lumière. Trois jours plus tard, Éric Dupond-Moretti ordonne pourtant une enquête administrative, préambule à d'éventuelles poursuites disciplinaires. La réplique du nouveau garde des Sceaux à la déclaration de défiance de l'ensemble du secteur n'aura donc pas tardé.

Le tollé est immédiat, d'autant qu'Éric Dupond-Moretti est un proche de Thierry Herzog, l'avocat de Nicolas Sarkozy, mis en cause dans l'affaire Bismuth. Le nouveau garde des Sceaux utiliserait ses fonctions pour sanctionner les magistrats qui ont épluché ses fadettes. Les syndicats, ainsi que l'association Anticor, déposent plainte et la Cour de justice de la République (CJR) ouvre une enquête pour prise illégale d'intérêts. Entre la Place Vendôme et les juges, le dialogue est rompu et l'ambiance exécrable.

Le ministre se défend. Il clame ne pas être en situation de conflit d'intérêts et fait valoir deux arguments principaux. D'une part, la décision d'ouvrir une enquête administrative a été prise après l'avis de son cabinet et de la Direction des services judiciaires, tous étant composés… de magistrats. De l'autre, une enquête administrative, au contraire d'une enquête du Conseil supérieur de la magistrature, ne vaut pas automatiquement poursuites disciplinaires et « ne fait donc pas grief » aux procureurs concernés. Si de telles poursuites devaient ensuite être lancées, le garde des Sceaux se déporterait et la décision serait prise par le Premier ministre.

C'est exactement ce qui se passe et le scénario semble avoir été écrit d'avance : le 26 mars 2021, Jean Castex annonce en effet la saisine du Conseil supérieur de la magistrature, l'enquête administrative ayant conclu, selon lui, à des « présomptions de fautes disciplinaires » concernant Éliane Houlette, et à « différents éléments susceptibles de faire naître un doute sérieux quant au respect des obligations déontologiques » de Patrice Amar, ex-numéro 2 du PNF, qui était en charge de l'affaire Bismuth. Patrice Amar est un quinquagénaire au regard tombant dissimulé par des lunettes à monture épaisse. Doté d'une voix grave et posée, c'est un pénaliste qui a de la bouteille. Avant l'affaire des fadettes, il a eu à traiter l'affaire Dassault, ou encore celle de la taxe carbone. Bon orateur, excellent connaisseur de la délinquance financière, il a suivi jusque-là un parcours sans accident.

Les syndicats font remarquer qu'Éliane Houlette ne se voit reprocher que des problèmes d'ordre managérial. Quant à Patrice Amar, c'est particulièrement vague, le gouvernement met en doute son « respect des obligations déontologiques ». Le magistrat suscite en effet une certaine méfiance. Il est allé jusqu'à accuser, devant le procureur et sans fondement, sa cheffe Éliane Houlette, avec laquelle il entretient des rapports difficiles, d'être elle-même la taupe de Nicolas Sarkozy. L'ensemble de la hiérarchie juge cette accusation totalement farfelue mais symptomatique du climat délétère régnant au sein du PNF. Mais, pour l'un comme pour l'autre, rien en lien direct avec l'affaire des fadettes. « J'ai acquis la conviction à la lecture du dossier qui m'a été remis que, du point de vue professionnel, M. Amar est plutôt un bon parquetier. Je pense en revanche qu'il a eu des comportements qui méritent que des suites disciplinaires soient prononcées », résumera Jean Castex devant la CJR.

Le garde des Sceaux, lui, continue à provoquer et choisit deux avocats et un communicant en vue de son passage devant la CJR. Deux sont d'anciens magistrats. L'accrocheur Christophe Ingrain, juge d'instruction au début de sa carrière puis conseiller justice du président Sarkozy entre 2007 et 2010, aujourd'hui associé du cabinet Darrois ; et Guillaume Didier, ex-porte-parole du ministère de la Justice, pour sa part à la tête du puissant cabinet de communication de crise Vae Solis. Le dernier membre de cette équipe de défense, enfin, n'est autre que le bâtonnier de Paris en exercice, Me Olivier Cousi.

Le 16 juillet 2021, Éric Dupond-Moretti est perquisitionné puis mis en examen pour prise illégale d'intérêts. La CJR lui reproche notamment d'avoir, dans une autre affaire, lancé une enquête administrative à l'encontre d'un certain Édouard Levrault, magistrat à Monaco.

L'histoire peut paraître anecdotique, mais elle est révélatrice. Dans la principauté de Monaco, une partie des magistrats sont français, détachés là quelques années. Cadre de vie exceptionnel, soirées huppées, possibilité de se faire des relations, voire copinage et petites sauteries... La vie sur le Rocher a pour certains des attraits imparables. Le juge Édouard Levrault, lui, lors d'une affaire opposant un marchand d'art à Yves Bouvier et Dmitri

Rybolovlev, oligarque russe patron de l'ASM, le club de foot de Monaco, a mis au jour les relations entretenues par les autorités judiciaires et politiques, et le palais. L'ASM a une influence énorme sur le Rocher et surtout, l'affaire touchait des proches du prince Albert. Le palais va réagir, vite et fort.

D'abord, par le biais d'une ordonnance, les personnes visées par l'enquête sont « rattachées à la maison souveraine », devenant de fait intouchables. Dans un second temps, Édouard Levrault est renvoyé de Monaco comme un malpropre, sans aucune concertation avec la Chancellerie, contrairement à l'usage. Le magistrat, furieux, et d'un tempérament frondeur, dévoile ses mésaventures sur France Télévisions, provoquant une véritable crise diplomatique entre la France et Monaco. Dans la foulée, la Chancellerie lance une enquête administrative contre lui, pour manquement à son devoir de réserve.

La difficulté est qu'Éric Dupond-Moretti a auparavant été l'avocat d'un policier mis en cause par Édouard Levrault. Il a même, dans une interview donnée à la presse trois semaines à peine avant son arrivée place Vendôme, qualifié ce dernier de « cow-boy »... Le ministre serait donc, à nouveau, en situation de conflit d'intérêts. Et, à nouveau, il va plaider qu'une enquête administrative n'équivaut pas à une sanction disciplinaire. Il ajoute que tous les membres du cabinet étaient pour activer cette enquête, que n'importe qui l'aurait fait à sa place.

Le cas semble pourtant problématique au directeur des services judiciaires de son ministère, Peimane

Ghaleh-Marzban, qui s'en inquiète le 31 juillet auprès de la directrice de cabinet de Dupond-Moretti, Véronique Malbec. Ne serait-il pas plus sage que le ministre se déporte dès à présent de ce dossier ? La directrice de cabinet affirme ne pas voir le problème : « Cher Peimane, je signe sans difficulté. Je l'ai évoqué avec le ministre. Ces affaires ont été entièrement reprises par son associé [Me Antoine Vey, *Nda*] et il ne figure plus dans le cabinet », écrit-elle avec assurance. Peimane Ghaleh-Marzban s'exécute et recommande donc l'ouverture de l'enquête administrative contre le juge Levrault.

Entendu par la CJR, ce dernier assume son interview à France Télévisions : « J'estime avoir agi conformément aux devoirs de mon état et aux principes déontologiques qui gouvernent mes fonctions. J'ai accepté de prendre publiquement la parole pour dénoncer des atteintes gravissimes à l'indépendance de la justice. Il me semble qu'il était non seulement de mon droit mais de mon devoir de le faire pour préserver l'institution des atteintes dont elle était la cible (...). Il me semble qu'il est de la dignité des magistrats de ne pas se taire et de laisser s'épanouir dans le silence des pratiques et des mœurs destinées à contrôler le fonctionnement de l'institution judiciaire en faveur d'intérêts privés ou étatiques. »

La charge est rude. Mais le magistrat ne s'arrête pas là. Sur Éric Dupond-Moretti, toujours devant la CJR, il raconte une anecdote édifiante. Alors qu'il était encore en fonction à Monaco, l'avocat l'avait contacté pour évoquer le cas de mis en cause dont les comptes avaient été saisis dans le cadre d'une affaire de corruption. Me Dupond-Moretti souhaitait venir le rencontrer pour évoquer cette procédure. « Je lui ai fait remarquer que cela n'était pas possible dans la mesure où ses clients n'étaient pas parties à la procédure que j'instruisais. Il m'était donc impossible d'évoquer certains aspects de l'enquête qui l'intéressait. Il s'est alors emporté en me disant : "Vous me faites penser à ces petits juges qui sortent tout droit de l'ENM et qui ferment leur porte aux avocats. Je me souviendrai de votre nom et je ne manquerai pas de parler de vous dans mon prochain livre." »

L'avocat devenu ministre s'est peut-être souvenu de lui, mais surtout, l'affaire Levrault est devenue l'une de celles qui lui empoisonnent la vie depuis sa nomination.

22

Haro sur le gouvernement des juges

« Avez-vous décidé du choix de M. Éric Dupond-Moretti comme ministre de la Justice, garde des Sceaux ? Si vous n'êtes pas à l'origine de ce choix, qui l'a fait ?
— Le choix des membres du gouvernement de la Cinquième République incombe au président de la République. Le texte est clair, la pratique aussi.
— Certains médias ont attribué le choix de cette personnalité à l'épouse du président de la République. Cette affirmation vous semble-t-elle fondée ?
— Ma réponse est claire : non, je n'ai jamais vu l'épouse du président de la République intervenir dans la constitution du gouvernement. Pour être plus précis, cela s'est passé entre le président de la République et moi-même. »

Dans l'affaire des conflits d'intérêts du ministre de la Justice, encore en cours, plus de cent auditions ont déjà été menées par la Cour de justice de la République, et les conseillers justice de Matignon et de l'Élysée, le Premier ministre lui-même, toute la Place Vendôme ont été entendus… Les auditions sont techniques, précises, le ton, bien qu'extrêmement policé, est incisif. Mais la première question posée au Premier ministre, Jean Castex, est relative à une rumeur de presse, un on-dit attribuant à Brigitte Macron, la première dame de France, une influence suffisante pour faire les nominations du gouvernement. L'anecdote, de bureau en bureau, a fait le tour des conseillers du Premier ministre, lequel s'est plusieurs fois étonné de la drôle de tournure qu'avait prise, ce 7 juin 2021, son audition. Comme un signal de ce que les juges chercheraient aujourd'hui à outrepasser leur rôle, à empiéter sur la séparation des pouvoirs, à mettre leur nez jusque dans les nominations du gouvernement, pourtant prérogatives du président et du Premier ministre.

La CJR est une vieille dame qu'on croyait moribonde et qui montre qu'elle a encore du mordant. Cette institution un peu surannée que les politiques, mandat après mandat, prétendent aspirer à supprimer sans pour autant le désirer vraiment, a toujours été perçue comme une justice d'exception, voire une chambre à innocenter les ministres. Laurent Fabius y a été relaxé dans l'affaire du sang contaminé ; Ségolène Royal, poursuivie pour diffamation après avoir accusé des enseignants de couvrir des faits de bizutage, également ; Christine Lagarde y a été reconnue coupable de négligence dans l'affaire Tapie mais dispensée de peine ; Édouard Balladur, lui, a été blanchi, vingt-cinq ans après la découverte non élucidée, dans ses comptes de campagne, de dix millions de francs en liquide et en grosses coupures…

Il est de bon ton, quand on est candidat, de promettre la suppression de la CJR, mais aucun président ne l'a fait jusqu'ici. Quinze juges la composent : trois magistrats professionnels, à temps partiel, et douze parlementaires qu'il suffit de gagner à sa cause. Mais, signe des temps, les trois juges sont désormais rattachés à temps plein. Depuis le quinquennat d'Emmanuel Macron, la CJR turbine à plein régime, occupée par sept affaires, dont deux concernent directement le gouvernement, particulièrement douloureuses : l'affaire de prise illégale d'intérêts visant le ministre de la Justice et l'affaire Buzyn, du nom de l'ancienne ministre de la Santé mise en examen pour « mise en danger de la vie d'autrui » dans le cadre de la gestion de la crise sanitaire. Dans ces deux dossiers, les juges multiplient les auditions et les perquisitions. Ils ne reculent devant rien, n'hésitant pas notamment à se rendre au domicile d'Olivier Véran, actuel ministre de la Santé, au lendemain de l'annonce par Emmanuel Macron d'un couvre-feu pour lutter contre la propagation du Covid. Autant dire que les politiques ne goûtent guère à cette « judiciarisation de la vie politique », une « mise en scène » du pouvoir des juges, selon les mots du député Insoumis Éric Coquerel. Même son de cloche chez Jean-Christophe Lagarde, le patron de l'UDI, pourtant dans l'opposition lui aussi, qui assène, le 15 octobre 2020, sur BFM-TV : « Ça n'est pas l'urgence aujourd'hui, on doit lutter contre la deuxième vague et je ne suis pas persuadé qu'on doive perdre du temps avec ça. »

Lors de son audition, Jean Castex tente de déminer le terrain : « La désignation d'un ministre de la République est un acte politique et je ne vois pas au nom de quoi un avocat ne pourrait pas être nommé garde des Sceaux. » Le chef de gouvernement est méfiant. C'est lui qui est chargé de reprendre les attributions du ministre de la Justice si ce dernier se trouve empêché par un potentiel conflit d'intérêts. C'est également lui qui, en lieu et place d'Éric Dupond-Moretti, a saisi le Conseil supérieur de la magistrature contre les fautes disciplinaires supposées de magistrats du PNF dans l'affaire des écoutes.

Le Premier ministre en est certain : le poison du soupçon s'immisçant partout, c'est bientôt lui que l'on viendra chercher. Ce venin, redouté par ceux qui n'ont pas le cuir politique suffisamment épais, prend la forme d'une question formulée par les trois juges : « Vous êtes-vous posé la question de l'existence d'un conflit d'intérêts relatif aux attributions que vous exercez désormais en votre qualité de Premier ministre (…) et vos anciennes fonctions de secrétaire général adjoint de M. Sarkozy à la présidence de la République jusqu'en 2012 ? » Comprendre : se pourrait-il qu'en lançant des poursuites disciplinaires contre des procureurs, Jean Castex ait voulu rendre service à l'ancien chef de l'État, dont il a été un proche collaborateur ? L'hypothèse est potentiellement explosive. « Quand j'étais à l'Élysée, je n'avais pas dans mes attributions les questions de justice », répond le chef du gouvernement. Avant de conclure : « L'affaire Bismuth a été jugée. Je ne doute pas que si mon nom était apparu, la justice l'aurait établi. »

Aucune manipulation politique, aucune tentative, réelle ou supposée, d'influer ou de déstabiliser la justice anticorruption, n'a en effet empêché Nicolas Sarkozy d'être condamné en première instance à trois ans de prison dont un ferme. N'en est resté qu'un doute, une petite musique fredonnée sur le refrain bien connu de la République des juges. Une rengaine selon laquelle les magistrats n'hésitent désormais plus à aller sur le terrain de la politique, à juger les actes du gouvernement ou à dire leur bien-fondé, quitte, selon certains, à se substituer au pouvoir. Alors se présente la question suivante : et si tout cela était prémédité ? Éric Dupond-Moretti aurait-il été nommé ministre de la Justice pour « emmerder » ces juges trop curieux, trop entreprenants ?

23

L'omniprésente conseillère de l'Élysée

Depuis le début de l'enquête, les magistrats de la Cour de justice de la République tentent de faire la lumière sur le rôle d'une femme, dont le nom revient sans cesse, souvent avec affection, d'ailleurs, dans la bouche de celles et ceux que nous interrogeons. Hélène Davo, la volubile conseillère justice du président Macron, occupe un petit bureau surchauffé à la moquette passée, tout au bout d'une aile dont la peinture écaillée et les toiles d'araignées au coin des murs rappellent, comme partout ailleurs, le manque de moyens sous les ors. Sa petite fenêtre arrondie donne sur les jardins à l'impeccable pelouse. De là, on perçoit à peine la rumeur de la circulation autour de la Concorde. Élégante, souriante mais prudente, la magistrate a l'œil sur toutes les procédures sensibles et tient à jour un carnet d'adresses étoffé, où figurent la plupart des juges et procureurs de première importance.

Manifestation des Gilets jaunes ou personnalités publiques citées dans une histoire embarrassante, toutes les affaires « signalées », autrement dit délicates pour le pouvoir, lui remontent sans que cela soit prévu par aucun texte de loi. Quand l'avocat et pamphlétaire Juan Branco, particulièrement virulent contre Emmanuel Macron sur les réseaux sociaux, est mis en examen pour viol, elle capte l'information en amont. Un contentieux judiciaire éclate-t-il entre deux employés de l'Élysée, qu'elle décroche son téléphone pour vérifier que l'affaire n'est pas susceptible d'éclabousser le Palais. C'est elle, encore, qui s'informe sur les procédures judiciaires visant Thierry Solère, le conseiller politique d'Emmanuel Macron, mis en examen pour fraude fiscale et détournement de fonds publics. Elle, enfin, qui s'assure que le procès d'Alain Griset, ministre des Petites et Moyennes Entreprises, pour déclaration incomplète de patrimoine, n'interviendra pas en même temps que les États généraux de la justice lancés par Emmanuel Macron à l'automne 2021 – cela ferait mauvais effet. Alors, quand l'enquête administrative menée par l'Inspection générale de la justice est sur le point d'être lancée dans l'affaire des fadettes, elle adresse deux messages à la directrice de cabinet d'Éric Dupond-Moretti, Véronique Malbec : « C'est quoi le délai pour inspection ? » suivi d'un : « Attention car procès Sarko en novembre »...

Aux yeux de la CJR, ce court SMS versé à la procédure pourrait être un indice que l'Élysée est à la manœuvre afin d'affaiblir l'accusation avant le procès de Nicolas Sarkozy pour corruption et trafic d'influence dans l'affaire des écoutes. À l'époque, de nombreux articles de presse évoquent un rapprochement entre l'actuel président de la République et l'ancien chef de l'État. Entendue par la CJR le 12 octobre 2021, Hélène Davo tente de couper court à cette théorie : « J'ai en tête de faire attention, dans un sens ou dans l'autre, au risque d'interférences avec un procès qui va être médiatique, le procès Bismuth. Il s'agit de choses dont j'ai l'habitude de me soucier pour le bon fonctionnement de l'institution (…) En cas de délai, j'aurais plaidé pour un délai en janvier pour enjamber le procès Bismuth. » Les magistrats, peu convaincus, tentent de lui faire préciser si elle pensait que le déclenchement d'une enquête contre des magistrats du PNF était susceptible d'avoir un impact sur le procès Sarkozy. La conseillère de l'Élysée se défend d'avoir l'intention d'interférer et dénonce des questions orientées. « La situation est plus complexe et assez inextricable. Devait-on s'obliger à ne rien faire pour ne pas qu'on dise qu'on voulait interférer ? (…) Je voudrais vous expliquer à quel point la situation a été difficile à gérer pour éviter que toute cette situation conduise à dire que l'exécutif voulait affaiblir le PNF. »

La conseillère justice a une influence considérable mais aucune « existence propre ». « Je suis l'ombre du président de la République », dit-elle. Hélène Davo fluidifie les circuits d'informations. Le 14 juillet 2020, elle crée un groupe WhatsApp intitulé « Acte 3 justice », lequel réunit seulement trois personnes : elle-même, Véronique Malbec, la directrice de cabinet du garde des Sceaux, et Stéphane Hardouin, le conseiller justice de Jean Castex. Trois jours plus tard, elle a ainsi le plaisir de leur annoncer qu'ils ont reçu tous les trois un « avis favorable » du Conseil supérieur de la magistrature pour être nommés inspecteur général de la justice, une belle promotion. C'est François Molins, procureur général près la Cour de cassation, qui vient, par SMS, de lui annoncer « amicalement » la bonne nouvelle.

En un an, plus de 1300 messages seront échangés sur ce fil, en plus des appels quotidiens et des réunions hebdomadaires. À partir du 14 septembre, on sent que la pression monte. L'Inspection générale de la justice rend son rapport, et le ministre veut décider immédiatement s'il ordonne ou non une enquête administrative contre les magistrats du PNF, préalable à toute saisine ultérieure du Conseil supérieur de la magistrature. Hélène Davo comme Véronique Malbec consultent à tout-va, s'entretiennent avec François Molins pour avoir son avis. Sachant que ce dernier est l'autorité de poursuite à la CJR, c'est-à-dire qu'il y joue à peu près le rôle de procureur, c'est, a minima, embarrassant qu'il accepte d'être consulté sur le choix procédural. « Hélène, j'espère que tu vas bien dans cette rentrée chargée. Je souhaiterais faire un point de rentrée avec toi si tu le souhaites ? À ta disposition. Je t'embrasse », lui écrit aussi Jean-François Beynel, le patron de l'Inspection générale de la justice. « Bizarre », commente Véronique Malbec, à qui la conseillère justice de l'Élysée a transféré le SMS. « Génial, tu veux dire. Il doit vouloir me faire passer des messages. » On voit que les relations sont pour le moins fluides entre l'Inspection générale de la justice, qui représente un peu ce que les bœuf-carottes sont à la police, et le pouvoir. Hélène Davo reconnaîtra devant la Cour de justice de la République que le patron de l'Inspection générale de la justice lui a parlé de ces enquêtes administratives. « Je lui avais demandé de faire attention de ne pas nommer d'inspecteurs parisiens ni d'anciens magistrats du palais de justice de Paris sur l'enquête du PNF mais rien sur le fond de l'affaire », précise-t-elle.

La CJR tente de retracer la chronologie exacte des événements et s'appuie, pour fonder ses soupçons, sur un article de Mediapart intitulé : « L'attaque d'Éric Dupond-Moretti contre le PNF était préméditée ». Selon le média en ligne, qui s'appuie sur des « sources concordantes » et des « témoins directs », le ministre de la Justice aurait annoncé dès le 15 septembre, lors d'une réunion entre le président de la République et les membres du Conseil supérieur de la magistrature, une enquête administrative contre les magistrats du PNF. Avant même que ses services aient le temps d'étudier le rapport de l'Inspection générale. « Au bout du compte, ce n'est donc pas l'administration qui a demandé cette enquête contre le PNF, mais bien le ministre », affirment ainsi les journalistes. Faux, répond Hélène Davo devant la CJR : « Les choses ont dû se faire à la vitesse de la lumière parce que la DSJ [Direction des services judiciaires, *Nda*] avait, dès le 14 septembre au soir, fait son analyse. Il n'est pas inhabituel ou illégitime que l'on demande une analyse très urgente à un service du ministère. »

Selon la chronologie retracée par les enquêteurs, le directeur des services judiciaires, Paul Huber, a ainsi reçu une première version du rapport de l'Inspection générale le 14 septembre à 18h03, avant d'en obtenir une version complète à 19h30. À 22h30, Véronique Malbec, la directrice de cabinet d'Éric Dupond-Moretti, transfère à Hélène Davo l'analyse de Paul Huber. Le directeur des services judiciaires a-t-il vraiment eu la possibilité de mener une réflexion de fond en seulement trois heures, le rapport, très technique, comptant… 130 pages ? Et ce d'autant plus que, selon des SMS retrouvés en perquisition, la première analyse du bureau de déontologie de la Direction des services judiciaires n'a été transmise à Paul Huber que le 15 septembre à 14h15 ? « Cher Paul, voici rédigée dans l'urgence une petite note d'analyse sur le rapport de l'inspection concernant le PNF. À ta disposition pour en reparler », peut-on lire. Cette transmission fait suite à un message de Rémi Decout-Paolini, l'adjoint de Véronique Malbec qui, le matin même, insiste pour avoir les observations complètes de Paul Huber : « Le ministre veut pouvoir annoncer en QAG [Questions au gouvernement à l'Assemblée nationale, *Nda*] une saisine du CSM [Conseil supérieur de la magistrature, *Nda*] ».

Entendu à son tour devant la CJR, Rémi Decout-Paolini assure s'être sans doute exprimé trop vite parce que la décision n'était pas prise à ce moment-là, il en est certain. D'après ce magistrat issu du Conseil d'État, le cabinet a attendu d'avoir plusieurs points de vue et notamment « l'avis éclairé de François Molins » avant de se décider pour une enquête administrative. Véronique Malbec confirme avoir dit au garde des Sceaux qu'elle avait consulté M. Molins sur la suite à donner à cette procédure et que cela avait du poids.

Sur la fameuse réunion du 15 septembre avec les membres du Conseil supérieur de la magistrature, évoquée par Mediapart, la directrice de cabinet assure ne pas y avoir assisté mais se dit incrédule : « Je m'étonne quand on est magistrat, membre du CSM, qu'on ait pu faire fuiter une information. » Même son de cloche chez Hélène Davo qui constate, à la lecture de cet article, que des participants ont vraisemblablement « évoqué à l'extérieur, de façon inexacte ou erronée, des propos tenus au cours d'une réunion à l'Élysée ». Elle trouve le papier « très orienté ». Si la conseillère de l'Élysée ne se « souvient pas » des propos exacts tenus par le ministre, elle explique que le garde des Sceaux a pris la parole sur invitation du président de la République et tenu des propos généraux sur la responsabilité des magistrats.

Furieux de cette publication, et n'appréciant guère Mediapart, le ministre de la Justice avait quant à lui convoqué les deux plus hautes autorités judiciaires du pays pour comprendre comment le contenu de la réunion avait fuité. Chantal Arens, la première présidente de la Cour de cassation, et François Molins, son procureur général, doivent s'expliquer. « S'agissant de la publication dans Mediapart de ce que j'aurais pu dire devant le Conseil supérieur de la magistrature à l'Élysée lors d'une réunion le 15 septembre 2020, c'est totalement faux », s'écrie Dupond-Moretti, interrogé par la commission d'instruction de la CJR. Il se souvient en avoir parlé avec

François Molins après la parution de l'article qui évoque des sources concordantes. Il lui aurait dit : « Au mieux vous avez deux taupes au CSM et au pire deux menteurs, vous devriez faire une enquête. Vous-même pourrez saisir les fadettes des membres du CSM pour savoir qui est en relation avec M. Hervé [Edwy, *Nda*] Plenel. »

Interrogé sur cette affaire, un conseiller de l'Élysée s'esclaffe : « Relisez les premières pages du livre de Robert Badinter, *Les Épines et les Roses* ! Aujourd'hui il serait mis en examen tout de suite ! » Dans ce livre, le garde des Sceaux qui a aboli la peine de mort écrivait au sujet d'un de ses anciens clients : « S'agissant de Guy Mauvillain, je me trouvais placé dans une situation particulière : je connaissais son dossier, dont m'avait saisi la Ligue des droits de l'homme. Il avait été condamné à une peine de dix-huit ans de réclusion pour avoir tué une vieille dame et dérobé ses économies. Une seule charge, incertaine : avant de mourir, la victime, sa voisine, aurait prononcé son nom. Il avait toujours clamé son innocence. L'instruction paraissait sommaire, le procès d'assises bâclé. Un comité de soutien s'était constitué en sa faveur. J'avais accepté de défendre Mauvillain devant la cour de renvoi, s'il obtenait, ce qui me paraissait probable, la révision de son procès. Je ne l'avais jamais vu, ni n'avais reçu le comité. Devenu ministre, ma conviction n'avait pas changé. Je transmis donc à la Cour de cassation le dossier pour qu'elle décidât de la requête. Et Mauvillain fut mis en liberté par la chambre d'accusation. Un tollé s'éleva dans la presse d'opposition ! Aurais-je dû rejeter la demande en révision de Mauvillain et le laisser en prison pour mon confort politique ? Que je sois devenu garde des Sceaux ne changeait rien à ses protestations d'innocence, ni aux ombres qui enveloppaient la procédure. Mauvillain, défendu par Me Dupeux, bénéficia d'un acquittement. »

Chaque époque a le ministre de la Justice qui lui ressemble.

24

Scènes de la vie de palais

La séparation, partie 2

Au sixième étage du tribunal de Paris, la salle d'audience n'a pas de fenêtre. Une simple table blanche, très large, presque carrée, des murs de bois clair, deux entrées, une pour les magistrats qui arrivent par un accès sécurisé, et l'autre, publique, qui ouvre sur un couloir desservant plusieurs salles d'attente où des petits groupes conversent en chuchotant, chaque partie groupée autour de son conseil. Une seule décoration : la représentation, stylisée à l'extrême, d'une balance. En face, une horloge.

La juge et sa greffière entrent, poussant un caddie sur lequel s'empilent les douze dossiers du rôle – c'est le maximum que peut compter une audience de divorces. Le temps consacré à chacun ne devra pas excéder vingt minutes, en plus des vérifications d'identité et autres formalités. Vingt minutes pour décider d'une garde d'enfants, pour trancher dans une séparation difficile, pour accorder ou non une mesure de protection ou fixer le montant de la pension alimentaire, c'est bien peu. La magistrate ouvre son ordinateur portable puis, pendant que sa greffière allume le poste fixe, elle dispose les sièges près de la table, contrairement à la plupart de ses confrères qui les collent contre le mur d'en face, pour éviter d'attraper le Covid. Lorsque tout est prêt, son binôme sort chercher le premier dossier.

La présidente accueille le couple d'une voix douce : « L'audience est exceptionnellement chargée aujourd'hui, je vais vous demander de restreindre, autant que possible, votre temps de parole. » Les manches de sa robe sont un peu élimées. De 13 h 30 à 18 heures, des tranches d'existence vont défiler, tragiques, tendres parfois, déchirantes. Chaque fois, elle commencera par ce vain préambule : « L'audience étant exceptionnellement chargée… » Dans toutes ces histoires, on peut se projeter, se comparer, apprendre, aussi. Après la prise de parole d'une partie, on est convaincu – avant d'entendre l'autre. Éclats de vie complexes, partiels, incomplets, incompréhensibles dans le fond pour tout autre que leurs protagonistes, au cœur desquels il va pourtant falloir statuer, armé d'informations lacunaires, en se fiant autant au code civil qu'à ses intuitions, aux consignes et barèmes proposés par le tribunal qu'à ses convictions d'époux, de parent, de citoyen. Tâche impossible et chaque jour recommencée, qui représente une part immense du travail de la justice.

Un couple est venu demander la révision du montant de la pension et l'établissement d'une résidence alternée – depuis le divorce, les enfants habitent chez leur mère. Le père tend le certificat médical d'un psychiatre, attestant qu'il est complètement remis de sa dépression et apte à veiller sur ses enfants.

« Avez-vous une réponse à faire, Madame ? » interroge la juge. La femme lève la tête : « Je voudrais simplement rappeler qu'au moment du divorce, ce monsieur a maintenu la tête de notre cadette sous l'eau, en guise de "punition". Ce sera tout. »

La juge prend des notes d'une petite écriture précise, puis confère avec sa partenaire sur la date de rendu du jugement : « Qu'en pensez-vous, Madame la greffière, on peut en caser encore un, à cette date ? » La fonctionnaire hoche la tête, l'air sombre. Elle a demandé une mutation en province – les greffiers ne durent pas, à Paris. Leur salaire est trop faible, la charge de travail immense, un tribunal déshumanisé rend difficile la création de liens, estiment certains. La juge la regrettera, c'est une jeune femme efficace.

Les suivants sont représentés chacun par un avocat, mais la femme expose elle-même sa demande, d'une voix mesurée. Elle appelle son ex-mari par son nom de famille, quand lui dit « la mère de mes enfants ». Elle parle sans jamais tourner la tête vers lui. « Je veux qu'il voie ses enfants, ses enfants veulent le voir, et je sais que lui aussi. Mais il a un problème d'addiction dont il ne se sort pas. Les deux dernières fois, ma fille m'a appelée en larmes parce que son comportement était devenu erratique, ou qu'il s'était évanoui dans ses bouteilles. Elle a onze ans, ma fille. On ne peut pas continuer comme ça. » Son avocate prend le relais : « Vous apprécierez la bonne foi de madame, qui a dressé la liste des personnes de confiance selon elle, dans laquelle figure notamment la nouvelle compagne de monsieur. Nous demandons qu'il ne lui soit plus possible de recevoir ses enfants sans la présence d'un tiers. »

La juge se tourne vers l'homme, il a les yeux gris perdus, noyés. « Monsieur ? Vous souhaitez avoir la parole ? » La voix étranglée, il lâche : « J'aime mes enfants… » mais ne peut continuer. Après un instant de silence, la juge annonce la date de sa décision d'une voix encore plus douce. Ils sortent.

La greffière commente : « Touchant, hein ? »

Une succession d'avocates aux ongles laqués, dont on entend cliqueter de loin les bottines à talons, se présentent pour demander des renvois. La juge s'inquiète de mal faire : « Mais les autres collègues, ils sont déjà sur janvier eux aussi ? Dans deux mois ? — Ah oui, largement », affirme la greffière. Il y a en général deux ou trois demandes de renvoi par audience, les exigences du contradictoire de la défense s'étant renforcées, et cela seul permet de traiter tous les dossiers prévus en un temps acceptable, ces requêtes étant réglées en quelques minutes seulement. Mais quand par malheur il n'y en a pas, l'audience devient insupportablement lourde.

Deux avocats s'étripent longuement tandis que l'heure tourne : « La défenderesse n'a envoyé ses écrits que lundi, et cette semaine avait un jour férié. C'est la deuxième demande de renvoi, c'est un peu fort ! » La juge propose une nouvelle date mais l'une des avocates représente des parties civiles au procès du Bataclan et ne sera pas libre.

On finit par trouver un moment qui convient à tous, sauf à la mère qui vit désormais à l'étranger et qui devra revenir. Pour elle, la juge s'engage à rendre alors sa décision en vingt-quatre heures. Tout le monde sort, laissant les sièges en bataille. La magistrate se lève pour les remettre en place. « Vos gros yeux ne m'ont pas échappé, Madame la greffière, je vois que vous n'êtes pas contente que je me sois engagée sur un tel délai. Mais comment en sortir autrement ? »

Une ordonnance de non-conciliation est examinée. Lors de cette étape de l'ancienne forme du divorce, on constate la volonté des époux de se séparer et des mesures provisoires sont fixées, comme la résidence de chaque membre de la famille, l'exercice de l'autorité parentale ou encore, le montant de la pension alimentaire. Un divorce par contentieux pouvant durer des années, c'est une étape cruciale. La procédure a été simplifiée depuis une réforme récemment entrée en vigueur et les magistrats ont pour consigne d'écluser toutes les anciennes demandes avant la fin de l'année 2021.

La juge reçoit d'abord la femme, seule. Les pommettes hautes, les cheveux noirs très tirés, elle a de grands yeux qui ne quittent jamais ceux de la juge. Elle bénéficie d'une mesure de protection suite à des violences conjugales. « Maintenez-vous votre demande de divorce ?

— Oui.

— Avez-vous quelque chose à me dire que vous ne souhaitez pas qu'il entende ?

— Non.

— Êtes-vous toujours en contact avec votre conjoint ?

— Non, le dernier jour où il m'a porté les coups, il a disparu. »

C'est ensuite au tour du mari, un homme bien habillé, au regard attentif. Il est également d'accord pour divorcer. Ensuite seulement, ils sont entendus tous les deux, séparés par leurs avocats. La mère a les mains serrées sur les genoux. Son avocate rappelle que les enfants ont été témoins des violences et que l'aînée est même intervenue. « C'était pendant le confinement, répond son confrère.

— Et alors ? interroge l'avocate.

— Il n'y a qu'une seule condamnation ! »

L'avocate, à ces mots, lève les yeux au ciel, et poursuit : « Ce n'est pas le moment d'essayer de reconstruire un lien avec le père, d'autant plus qu'il persiste apparemment dans son déni. C'est le moment de laisser ces enfants et leur mère souffler. » Les filles seront entendues, comme elles en ont émis le souhait. La juge feuillette le dossier et fait remarquer qu'il y manque la déclaration d'impôts du père. « On n'a pas sa déclaration, eh bien, tout simplement… car il n'a pas déclaré ses impôts. Voilà, c'est comme ça, on n'est pas devant l'administration fiscale, monsieur n'a pas déclaré ses impôts donc euh… ça manque au dossier… » fait l'avocat avec un jeu de manche embarrassé. La juge ne peut pas s'empêcher de froncer un sourcil, mais elle ne dit rien et note les revenus qu'avance l'avocat.

L'autorité conjointe ne sera pas accordée, ni la résidence alternée. Dans les cas de violences conjugales, la justice considère en général que les parents ne peuvent pas exercer leur mission ensemble. « L'avocat devrait le savoir, d'ailleurs », commente la magistrate après le départ du couple. Acide, la greffière souffle : « Il n'a plaidé que pour mériter son argent, puisqu'il doit bien savoir que c'est perdu d'avance. »

Le temps passe, les couples se suivent et ne se ressemblent pas. La juge cherche un centre de médiation pour organiser les rencontres entre un père et ses enfants, mais les structures ont des délais particulièrement longs, celui qu'elle a saisi n'a pas de place avant six mois. Elle propose : « Si vous entendez parler d'une association plus diligente, faites une requête et je ferai une nouvelle désignation immédiatement. » L'homme hoche la tête, découragé d'avance : six mois, avant de voir son enfant…

À 16 heures, elles changent de salle pour une visioconférence avec un détenu à la prison de la Santé. L'ordinateur rame un peu, la greffière s'impatiente quand soudain s'affiche à l'écran une salle peinte en jaune écaillé. Le visage d'un gardien apparaît en gros plan. « Ah voilà ça marche ! Je vais vous le chercher. » Le détenu arrive, un gros homme en jogging vert. « Bonjour, Madame. » La mère a fait une demande de pension alimentaire concernant deux jeunes enfants, dont elle demande l'autorité parentale exclusive. Elle ignorait que le père était incarcéré et voulait établir un droit de visite et d'hébergement classique, c'est-à-dire un week-end sur deux et la moitié des vacances scolaires. La femme n'est pas présente, mais son avocat est là, aussi la juge, un peu étonnée, se tourne-t-elle vers lui : « Mais vous maintenez votre demande telle quelle, quand monsieur sera sorti ? »

L'avocat hésite, visiblement pris de court – personne ne sait pour quelle raison le père est emprisonné, ni pour combien de temps.

« Oui, quand il sera sorti. »

Là-bas à la Santé, l'homme n'entend rien, on distingue en gros plan le pavillon de son oreille, qu'il colle en vain à l'ordinateur tandis que la juge et l'avocat, masqués, discutent entre eux. La juge lui donne la parole :

« Merci, Madame, j'entends pas très bien. J'aurais voulu me défendre libre. Je demande des tests ADN... Ça fait trois ans que je n'ai pas vu madame. Je sais même pas si les enfants sont de moi.

— Ah. Mais vous avez des liens ? Vos enfants sont venus vous voir au parloir ?

— Quels enfants ? Les grands ? »

La juge regarde son dossier et donne le nom des deux petits.

« Ah non, non, personne est venu. »

Elle annonce la date de rendu de sa décision.

« Merci, Madame. Je pars ?

— Oui je pense que vous pouvez voir avec le chef. »

On entend en arrière-fond le bruit de la prison, des sonneries stridentes, le cliquetis des trousseaux.

À 15 h 35, la juge lit la requête d'un homme à l'air soucieux. « Vous demandez à ce que madame exerce exclusivement l'autorité parentale, vous ne voulez pas de droit de visite et vous souhaitez payer 150 euros par mois. En premier lieu, vous aviez été condamné à 390 euros par mois, mais vous dites que vous n'y arrivez pas. »

La juge marque une pause puis le regarde droit dans les yeux. « C'est une demande inhabituelle, Monsieur.

— C'est un enfant que je n'ai pas désiré.

— Mais il est là pourtant.

— On a seulement eu une aventure avec sa mère. Moi je n'en voulais pas.

— C'est presque un abandon.

— Je ne me sens pas vraiment père. Je lui avais dit que j'en voulais pas. Je l'ai reconnu avant sa naissance que parce qu'elle avait peur de mourir en couches. C'est tout. Elle m'avait juré qu'elle ne me demanderait rien d'autre. Et puis quelques années plus tard, elle m'attaquait pour abandon de famille. J'ai jamais vu cet enfant, Madame. Être géniteur et être père, c'est pas pareil. Tous les soirs je pense à ça. Je l'ai pas désiré.

— Mais il existe », insiste la magistrate.

Le père hausse les épaules, fataliste, impuissant, fatigué. Son avocat prend le relais : « C'était une affaire d'un soir. »

Pour la première fois, la juge répond avec une tension perceptible dans la voix : « Ça ne m'intéresse pas. JAF, c'est pour les enfants, pour les familles. Ce qu'il s'est passé avant, ce n'est pas de mon ressort. Je suis là pour décider, en dernier recours, ce qui est le mieux pour l'enfant. Et je suis très embêtée avec cette demande.

— Il y a plein de pères comme celui-là, simplement ils n'ont pas la correction de monsieur, qui a reconnu l'enfant. Les autres, vous ne les verrez jamais ici. Mon client est obligé de contracter des crédits pour cette pension et c'est insupportable. Il coule. »

La juge annonce la date de son jugement. La greffière sort chercher les suivants. En son absence, la porte s'ouvre, la petite tête curieuse d'une fillette apparaît, puis disparaît.

Un couple en guerre ouverte s'installe. Ils gagnent chacun plus de 50 000 euros par mois et se déchirent au sujet du partage, ou non, des frais de scolarité de leurs deux enfants. Les deux avocates plaident longuement avant de déposer, chacune, un dossier de plus de vingt centimètres d'épaisseur sur le bureau : leurs conclusions. La juge n'a manifesté aucune impatience, aucun étonnement non plus devant ce couple tellement riche qui se déchire pour une somme mineure au regard de leurs revenus. Elle a pris ses notes sur sa feuille A4, comme à chaque fois, attentive et précise.

Les suivants sont les jeunes parents de quatre garçons âgés de un à neuf ans. La mère demande 800 euros et la mise en place d'un hébergement régulier chez le père. Elle a la peau sombre, un foulard bleu noué en turban, une voix douce. Le père est gris de fatigue, il n'est pas représenté par un avocat.

« Quelle est votre situation, actuellement ? »

Il travaille comme chauffeur-livreur, après un an de chômage dû au Covid. Il gagne 1 400 euros par mois, sous-loue pour 400 euros une chambre de douze mètres carrés dans un appartement partagé, et donne 150 euros par mois à son ex-femme.

« Vous prenez vos enfants à quelle fréquence ?

— Quand elle me le demande. Quand elle a un rendez-vous pour un entretien, ou pour sa santé. Quand je peux, par rapport à mon travail. Je les prends parfois à dormir le week-end, mais seulement les trois grands. Le bébé, il est trop petit, et je n'ai pas les moyens. On dort tous dans le même lit. Mon propriétaire est d'accord pour les grands, mais pas pour le bébé.

— Madame voudrait que ce soit régulier. Qu'en pensez-vous ?

— Régulier, je ne peux pas. Dès que mon patron m'appelle, il faut que je puisse y aller. Je ne peux pas perdre ce boulot-là.

— Combien seriez-vous capable de mettre, au maximum, pour vos enfants ?

— Maximum 200.

— Très bien, Monsieur, c'est noté. Est-ce qu'il y a autre chose à savoir ? »

Il secoue la tête. La femme prend sa respiration, regarde vers le plafond.

« Vous savez, c'est dur. Je vais le dire là, parce que c'est plus facile de communiquer devant vous. C'est un soulagement, pour moi, quand il prend les enfants. Mais quand je lui dis que j'ai du mal à m'en occuper seule, il répond qu'il n'a jamais entendu une femme se plaindre d'être mère. Mais moi, c'est sept jours sur sept et vingt-quatre heures sur vingt-quatre que je suis seule avec eux. »

Elle parle calmement et ses yeux sont pleins de larmes.

« Je suis très fatiguée. C'est pas pour la question de l'argent que je suis là. Ça je m'en fiche. S'il ne peut pas payer, ça m'est égal, je sais qu'il fait de son mieux. Mais je veux qu'il reconnaisse que c'est dur. »

Le père, les yeux rougis de fatigue fixés sur ses grandes mains : « Je peux pas les prendre régulièrement tous les lundis comme elle le voudrait. Je peux rien refuser à mon patron. J'essaierai d'être là chaque fois qu'elle le demandera. Mais pour l'instant… »

Il se tait, hésite, reprend : « Je travaille. J'ai rien d'autre que mon travail et mes enfants, moi. »

L'avocat de la mère intervient : « Peut-être que vous pourriez, Madame le président, depuis la position qui est la vôtre, rappeler monsieur à ses obligations.

— Je crois que monsieur est très conscient de ses obligations, Maître. »

Ils sortent, la juge soupire : « J'ai le cœur lourd aujourd'hui. Bon, le dossier suivant, je ne comprends pas en quoi cela consiste… Ah, c'est une femme et deux pères différents, c'est cela ? Je me souviens maintenant.

— Ben aucun des deux n'est venu, fait la greffière avec humeur en revenant de la salle d'attente. Mais madame est là. »

Elle fait entrer la mère, une aide-soignante qui a apporté une lettre d'un de ses anciens compagnons par laquelle il se déclare impécunieux. « Je suis au RSA et je ne peux pas payer pour mes enfants », est-il écrit en gros caractères sur une feuille arrachée à un cahier d'écolier. La juge examine le courrier : « Le problème, Madame, c'est que je n'ai aucun moyen de m'assurer qu'il s'agit bien du père.

— Mais il a dit qu'il était d'accord. J'en ai besoin pour la CAF. Il me faut un courrier qui dise que c'est moi qui élève les gosses.

— Je comprends mais je ne peux pas me baser sur cette seule lettre. Est-ce que vous avez fait citer les papas par un huissier ? »

La femme secoue la tête : « C'est très cher les huissiers. »

La greffière se penche : « Vous n'avez pas demandé l'aide juridictionnelle ?

— Je crois que je peux pas l'avoir, comme je travaille à temps plein.

— Essayez, quand même, Madame. Je vais renvoyer votre dossier à une date qui vous permettra de faire les démarches. »

La femme sort, d'un pas las. « Bon courage à vous, en tout cas. »

La greffière n'est pas très contente, c'est du temps perdu. Elle grogne. « Je crois bien que je lui avais déjà dit la dernière fois. » L'aide juridictionnelle consiste en la prise en charge par l'État des frais liés à une procédure, pour les personnes dont les revenus ne dépassent pas un certain plafond. En 2020, 865 897 personnes ont été admises à cette mesure, de façon totale ou partielle. Environ 100 000 demandes ont été refusées. C'est un enjeu crucial pour l'exercice d'une justice équitable.

Pour finir la journée, une situation d'urgence est examinée : un couple aisé se déchire la garde d'un bébé.

La femme accuse son ex de créer un climat « incestuel », et même davantage, elle a d'ailleurs intenté une procédure criminelle qui s'est soldée par un non-lieu pour l'homme. Bouleversé, il se défend, ses lunettes glissent sur son nez, il tremble. Il a apporté des lettres de ses enfants d'un premier mariage qu'il dépose sur le bureau. Il balbutie : « Ma fille est victime d'une aliénation parentale. Je suis un peu ému parce que j'ai pris connaissance des mots de ma fille quand j'ai été auditionné par la police et depuis, c'est le cauchemar. »

Les deux avocats, eux, en profitent pour régler leurs comptes : l'un a saisi le bâtonnier car sa consœur aurait prétendu qu'il n'avait pas communiqué toutes les pièces. Ils s'envoient des noms d'oiseau puis sortent en se disant aimablement « Au revoir, confrère », « Bon week-end, consœur ».

Restées seules, la juge et sa greffière entassent à nouveau leurs dossiers dans le caddie et reprennent la direction de leurs bureaux, quelques étages plus haut. Dans les longues allées vitrées, comme des tubes d'aérogare, entre des jardins paysagers malmenés par un vent d'hiver, des dizaines de silhouettes, seules ou par petits groupes, vont et viennent, se croisent, le reflet de leurs robes noires multiplié à l'infini.

25

La chute

Éliane Houlette est « mortifiée », « blessée ». Après des années à servir l'institution, à incarner la lutte anticorruption, la procureure la plus puissante de France se trouve désormais dans la peau d'un suspect. L'histoire se déroule au printemps 2019, tandis que le PNF enquête sur des soupçons d'emplois fictifs au cabinet de Jean-Claude Gaudin, le sénateur-maire de Marseille. Les gendarmes, qui ont placé sur écoute les collaborateurs de l'homme politique, tombent par hasard sur de drôles de conversations dans lesquelles un avocat, Jean-Jacques Campana, se vante d'avoir une mystérieuse « amie » susceptible de les renseigner sur l'enquête en cours. Cette amie, les enquêteurs le comprennent vite, c'est Éliane Houlette, révèle Mediapart. Dans d'autres interceptions, le directeur général adjoint des services de la ville de Marseille évoque un autre de ses proches, l'avocat général à la Cour de cassation, Michel Debacq. Les enquêteurs apprennent ainsi que ce haut magistrat, proche d'Emmanuel Macron et très influent dans le monde de la justice, a été sollicité pour venir en aide à Michel Platini, mis en cause dans l'enquête ouverte au PNF sur les soupçons de corruption autour de l'attribution au Qatar de la Coupe du monde de football 2022. En quelques jours, les gendarmes viennent donc d'entendre des discussions susceptibles de mettre en cause la probité de deux des magistrats parmi les plus influents de la chaîne judiciaire...

Aussitôt retranscrites, ces écoutes sont transmises à des procureurs du PNF, qui vont en référer à la procureure générale de la cour d'appel de Paris, Catherine Champrenault. Cette dernière prend les choses très au sérieux. Le 11 juin 2019, elle s'entretient avec Éliane Houlette, qui est à deux semaines de son départ à la retraite. La cheffe du PNF reconnaît que l'avocat Jean-Jacques Campana est un ami, mais pas un intime. Surtout, elle jure ne lui avoir montré aucune pièce du dossier et ne lui avoir confié que des éléments d'ordre procédural, rien sur le fond de l'affaire. Ces dénégations paraissent insuffisantes à la procureure générale de Paris, qui décide de s'adresser à la Direction des services judiciaires de la Chancellerie. Dans un courrier du 14 juin 2019, elle évoque les contacts téléphoniques répétés entre Éliane Houlette et l'avocat marseillais. Tout en appelant à se montrer « circonspect dans l'analyse des propos rapportés et prêtés » à Éliane Houlette, Catherine Champrenault remarque que Me Campana s'autorise à appeler cette dernière le dimanche soir et qu'il la tutoie. « Il ressort de l'exploitation de ces enregistrements que Jean-Jacques Campana se sert de sa relation amicale avec Éliane Houlette pour obtenir des renseignements sur l'évolution d'une enquête visant la mairie de Marseille ». Elle ajoute : « Ces éléments, qui révèlent pour le moins une imprudence fautive, auraient pu me conduire à envisager une procédure d'avertissement, si Éliane Houlette ne se trouvait pas à deux semaines de son départ à la retraite. »

À ce stade, la procureure générale n'estime cependant pas les faits suffisamment graves pour lancer des poursuites pénales. Le 19 juin, Jean-Luc Blachon, le numéro 2 du PNF, très fidèle à Éliane Houlette, envisage donc, avec l'aval de sa hiérarchie, de classer l'affaire. Pour lui, ces écoutes téléphoniques témoignent davantage d'une maladresse de la procureure financière que d'une volonté de violer le secret de l'enquête. Éliane Houlette est réputée pour être bavarde, volubile même. Elle a pu se montrer imprudente.

La situation va rester en l'état jusqu'à son départ à la retraite, le 28 juin. Le PNF est tendu : si l'affaire devait éclater au grand jour, il ne faudrait pas que l'on puisse croire que Me Campana s'est adonné à un trafic d'influence auprès de la procureure financière aux fins d'éviter à Jean-Claude Gaudin, le maire de Marseille, des poursuites judiciaires. Le parquet national financier ne se remettrait pas d'un tel scandale.

Fin juillet, tout s'accélère. Deux mois après la retranscription des premières écoutes téléphoniques, le dossier Houlette est transmis au parquet de Paris. Une réunion au sommet a lieu dans l'après-midi du 29, à laquelle assiste Rémy Heitz, le procureur de la République de la capitale, un peu agacé d'avoir dû écourter ses vacances. Les magistrats ont l'intention d'aller vite et de réclamer les factures détaillées des téléphones d'Éliane Houlette mais ils hésitent sur la stratégie judiciaire à adopter. Vaut-il mieux garder la main sur les investigations, et les mener dans le cadre d'une enquête préliminaire, ou les confier à un juge d'instruction indépendant ?

Une enquête préliminaire est finalement ouverte, rapidement dépaysée à Nanterre. Mais elle va se dégonfler. Le 20 septembre, dans un nouveau mail adressé à la Direction des affaires criminelles et des grâces, la procureure générale de Paris, encore elle, tempère désormais la portée des investigations : « Il faut être extrêmement prudent s'agissant de propos rapportés par un avocat dont l'objectif manifeste est de servir les intérêts de la ville de Marseille alors qu'il n'en est pas officiellement l'avocat, en usant de sa relation de proximité avec la cheffe du PNF. » En clair : Me Campana n'aurait-il juste pas cherché à se faire mousser ?

Entendue en audition libre, Éliane Houlette confie avoir « toujours côtoyé » Jean-Jacques Campana dans un « cadre amical ». Si elle a effectivement reçu l'avocat à sa demande, car il voulait lui remettre des documents censés justifier la réalité des emplois présumés fictifs de la mairie de Marseille, la magistrate jure ne pas avoir livré de « choses confidentielles ». Elle détaille : « Le 16 mai 2019, je suis allée à un cocktail pour lequel j'étais invitée avec mon ex-mari [magistrat à la Cour de cassation, *Nda*] (...) et c'est là que j'ai vu Jean-Jacques Campana et son épouse et d'autres de nos amis. Il m'a demandé si la perquisition qui avait eu lieu au Sénat concernait le dossier du Samu social dans lequel il y avait déjà eu deux perquisitions, et je lui ai répondu qu'elle avait eu lieu dans le cadre d'une procédure incidente. C'est vrai que j'ai évoqué ça à la soirée mais je n'ai rien dit d'autre. Sa femme ne connaissait pas le nouveau tribunal de Paris et voulait le voir. Je leur ai proposé de leur faire visiter les lieux. Ils sont venus le 17 mai dans l'après-midi. J'ai fait la visite de mon bureau. Tous les trois, on est restés dans mon bureau et c'est à cette occasion que nous avons évoqué le dossier. Mais je ne lui ai montré aucun document et lui non plus. Cela a été très bref (...) Je n'ai rien fait pour accélérer ou ralentir les dossiers », dit-elle encore. L'affaire est classée sans suite le 8 janvier 2021 par le parquet de Nanterre. Éliane Houlette est blanchie, mais sa réputation de probité ternie à jamais.

Michel Debacq, l'autre haut magistrat mis en cause dans les mêmes écoutes, s'en sort mieux. Si la procureure générale de Paris, Catherine Champrenault, a bien fait un signalement à son sujet à la Direction des services judiciaires « à toutes fins éventuelles d'investigations déontologiques », aucune enquête préliminaire n'est ouverte. Plusieurs magistrats le soupçonnent pourtant d'avoir facilité l'organisation d'un rendez-vous entre Emmanuel Macron et Michel Platini, et d'avoir conseillé ce dernier, en sous-main, quant à la stratégie judiciaire à adopter. Ces faits sont susceptibles de relever du trafic d'influence.

Une rencontre entre le président de la République et l'ancien buteur des Bleus a bien eu lieu et le chef de l'État a manifesté au moins à deux reprises, publiquement, son soutien à « Platoche ». Ancien patron de la section antiterroriste du parquet de Paris, Michel Debacq est un homme de réseaux, plusieurs fois membre de cabinet ministériel, proche du candidat Macron qu'il a soutenu en 2017 et dont il a rédigé une partie du programme. Connu pour faire et défaire les carrières, il admet lui-même volontiers le rôle qui est le sien lorsqu'il s'agit de murmurer au pouvoir politique tel ou tel nom pour des nominations prestigieuses. Mais il nie tout trafic d'influence et affirme n'avoir rencontré Michel Platini qu'à titre amical.

Interrogé en juin 2020 par Mediapart, Jean-François Bohnert, le nouveau patron du PNF, a répondu qu'« aucune enquête pénale n'avait été ouverte, au motif que les faits avaient déjà été signalés administrativement à la Chancellerie ». Ce n'est pas tout à fait vrai. Une enquête visant Michel Debacq a en réalité été ouverte à l'été 2019, sous le nom de code « Romuald » – référence mystérieuse... Mais les deux procureurs qui en avaient la charge n'ont mené aucune investigation, si bien qu'en octobre 2019, il n'y a pas encore de service enquêteur désigné. La justice n'est visiblement pas pressée d'investiguer sur le puissant magistrat.

Après de vives tensions entre le greffe et plusieurs magistrats du PNF, l'enquête a finalement fait l'objet d'un « classement administratif », selon les mots de Jean-François Bohnert, courant 2020. Les éléments embarrassants concernant Michel Debacq ont été remis entre les mains de juges d'instruction parisiens en charge de l'affaire Platini. Pourquoi ce dossier n'a-t-il pas été dépaysé dans un autre tribunal, comme cela a été le cas pour Éliane Houlette ? Le parquet national financier n'a pas souhaité nous apporter de réponse. Le ministère de la Justice, à qui Michel Debacq avait écrit pour dénoncer des soupçons sans fondement contre lui, n'a pas davantage répondu à nos questions. Le traitement de cette affaire forme pourtant, aux yeux de bien des magistrats, un problème manifeste.

26

Le cheval et le cochon

Le 23 novembre 2021 était publié dans *Le Monde* la tribune dénonçant les difficultés d'une justice décrite comme exsangue. Le ministre Dupond-Moretti, saisi par l'expression de ce ras-le-bol bien argumenté, se lançait rapidement dans une opération de déminage dont on ne peut pas dire qu'elle ait bien commencé : « J'ai une liste de doléances que je ne peux pas résoudre : les difficultés managériales, la répartition de la charge de travail, cela concerne leur relation avec leurs chefs de cour », exprimait-il quelques semaines plus tard, provoquant une exaspération grandissante desdits chefs de cour.

Il y a pourtant dans certaines juridictions des façons bien particulières de gérer les ressources humaines, comme le pratique par exemple Jean-François Bohnert au parquet national financier. Et c'est peu de dire que ses « leçons de management pour une vie professionnelle réussie » ne font pas rire tout le monde. Envoyées sur la boucle WhatsApp des magistrats par celui qui a pris la tête du PNF en 2019, elles alternent mauvais goût et sommations au silence brutales.

Ce magistrat, ancien procureur général de Reims, donné pour prendre la tête du parquet européen et coiffé au poteau au dernier moment par la candidate roumaine, a obtenu le PNF comme lot de consolation. Affable, toujours souriant, d'apparence bonhomme, voici ce qu'il écrit à ses collègues : « Un commercial, une secrétaire et un DRH sortent du bureau à midi et marchent vers un petit restaurant lorsqu'ils trouvent, sur un banc, une vieille lampe à huile. Ils la frottent et un génie s'en échappe. "D'habitude, j'accorde trois souhaits, mais comme vous êtes trois, vous n'en aurez qu'un chacun." La secrétaire bouscule les deux autres en gesticulant : "À moi, à moi ! Je veux être sur une plage des Bahamas, en vacances perpétuelles, sans aucun des soucis qui pourraient empêcher de profiter de la vie." Et pouf, elle disparaît. Le commercial s'avance à son tour : "À moi, à moi ! Je veux siroter une piña colada sur une plage de Tahiti avec la femme de mes rêves !" Et pouf, il disparaît. "C'est à toi", dit le génie en regardant le directeur du personnel. "Je veux que ces deux cons soient de retour au bureau après la pause-déjeuner…" Morale : "En règle générale, laissez toujours les chefs s'exprimer en premier." » Bel exemple de gestion du personnel.

Le « conte » suivant, consacré à la communication, apparaît à certains particulièrement douteux : « Un homme entre dans la douche au moment précis où sa femme en sort, lorsque la sonnerie retentit à la porte de leur maison. La femme s'enroule dans une serviette de toilette, descend les escaliers en courant et va ouvrir la porte d'entrée. C'est Laurent, le voisin de palier. Avant qu'elle n'ait pu dire un mot, il lui lance : "Je te donne 500 euros immédiatement si tu laisses tomber ta serviette." Elle réfléchit à toute vitesse et décide de laisser choir la serviette. Il l'admire un bon moment, puis lui tend un billet de 500 euros. Un peu étonnée, mais contente de la petite fortune qu'elle vient de se faire en un clin d'œil, elle remonte dans la salle de bain. Son mari, encore sous la douche, lui demande : "C'était qui ? — C'était Laurent. — Super, il t'a rendu les 500 euros qu'il me devait ?" Morale : Si vous travaillez en équipe, partagez rapidement les informations concernant les dossiers communs, vous éviterez ainsi bien des malentendus désagréables. »

Toute drapée qu'elle soit de mauvais goût et d'une entêtante misogynie, problématique dans le cadre professionnel, on pourrait tenter de faire crédit à cette petite histoire chargée d'encourager le travail en équipe et le partage d'informations. Mais c'est la leçon de management dédiée aux « affaires » qui va déclencher, en interne, une véritable bronca : « À la ferme, le cheval est malade. Le vétérinaire dit au paysan : "Je lui injecte un remède, si dans trois jours il n'est pas remis, il faudra l'abattre." Le cochon, qui a tout entendu, dit au cheval : "Lève-toi !" Mais le cheval est trop fatigué. Le deuxième jour, le cochon dit : "Lève-toi vite !" Le cheval est toujours aussi fatigué. Le troisième jour, le cochon dit : "Lève-toi sinon ils vont t'abattre !" Alors dans un dernier effort, le cheval se lève. Heureux, le paysan dit : “Faut fêter ça : on tue le cochon !” »

La morale de cette dernière histoire, précise Jean-François Bohnert : « Il faut toujours s'occuper de ses affaires et surtout… fermer sa gueule ! » La tenue de tels propos, dans une institution dont la mission est de faire toute la lumière sur les faits d'atteintes à la probité commis par nos élites, interroge. Et ce d'autant plus qu'à la même époque, une affaire de harcèlement sexuel, mettant en cause un procureur du PNF, a été portée à la connaissance de Jean-François Bohnert.

Été 2019. Une jeune greffière, Audrey – son prénom a été modifié par nos soins – se plaint du harcèlement sexuel incessant de Pierre-Olivier A., procureur du parquet national financier. Jean-Luc Blachon, qui assure l'intérim après le départ d'Éliane Houlette, décide de recadrer ce dernier et place la greffière sous l'autorité d'un autre binôme de juges. Aucune sanction n'est prise à l'encontre du magistrat, malgré la gravité des faits rapportés.

Quelque temps plus tard, il continue de mal se comporter, cette fois avec une de ses collègues, que nous appellerons Julie. Au fil des semaines, un malaise s'installe dans l'institution que seul Jean-François Bohnert, qui vient de prendre son poste, semble ignorer. Personne n'ose s'en ouvrir à lui. La chargée de communication du PNF, Céline C.-P., encouragée par des magistrats et par la jeune greffière, se décide à aller lui expliquer la situation. Début novembre 2019, désormais mis au courant, le nouveau patron s'entretient avec Julie et Audrey pour les assurer de son soutien. Mais il décide d'en rester là lui aussi, se contentant d'un nouveau rappel à l'ordre à Pierre-Olivier A. La magistrate victime, choquée de la légèreté de cette réponse, qui ne lui « semble pas prendre la mesure de la gravité des faits dénoncés », le lui écrit dans un mail qui sera révélé par *Le Monde*.

Cette fois, poussé par la pression médiatique, Jean-François Bohnert saisit la procureure générale près la cour d'appel de Paris, en vue d'exercer de possibles poursuites disciplinaires et pénales contre Pierre-Olivier A., qui quitte le parquet courant décembre 2019. La jeune greffière, elle, porte plainte – l'affaire sera dépaysée à Lille. Elle demandera et obtiendra, ainsi que la procureure harcelée comme elle, une mutation.

Mais en interne, les conditions de travail de la lanceuse d'alerte, Céline C.-P., la fonctionnaire chargée de la communication du PNF, vont se dégrader subitement. Il lui sera d'abord brutalement reproché, notamment par l'ancienne binôme de Pierre-Olivier A., sa présence à une réunion soi-disant réservée aux magistrats – Céline C.-P. n'est pas magistrate, mais ce fait n'a jamais soulevé de difficultés depuis qu'elle était en poste. Plusieurs parquetiers prennent sa défense, expliquant qu'elle a été conviée à cette réunion à leur initiative, et qu'aucune affaire individuelle n'y a été évoquée. Mais rien n'y fait. Jean-François Bohnert la prévient que, selon des instructions de la Chancellerie, sa qualité de non-magistrate risque de faire désormais obstacle à l'exercice de ses fonctions.

Quatre jours plus tard, Jean-François Bohnert évoque, lors d'une réunion, le « projet de mobilité professionnelle de Céline C.-P. ». La chargée de communication, qui n'a aucune intention de partir, stupéfaite, fond en larmes devant la brutalité de cette annonce. À nouveau, plusieurs magistrats lui témoignent leur soutien. Bohnert se défend et prétend que la décision de la muter dans un autre service a été prise en haut lieu, la Chancellerie ayant affiché la volonté de ne plus nommer que des magistrats aux postes de chargés de communication. La Chancellerie ne confirmera pas cette information.

En avril 2020, entre crise sanitaire et confinement, la situation paraît bloquée. C'est le moment que choisit Jean-François Bohnert pour publier ses édifiantes « leçons de management » : « toujours s'occuper de ses affaires » et « fermer sa gueule »… Céline C.-P. est placée en arrêt maladie quelques semaines plus tard.

En juin 2020, elle reprend du service. Le PNF est alors en pleine tempête médiatique, secoué par le procès Fillon et par la révélation dans la presse de l'affaire des fadettes. Les procureurs du service, une fois encore, louent son professionnalisme. Mais le chef n'en démord pas : il confie les fonctions de Céline C.-P. à sa secrétaire générale et demande son départ à compter du 1er septembre. Il fait part de sa décision à la Chancellerie le 24 juillet, soit le jour où Céline C.-P. doit être entendue par le Conseil supérieur de la magistrature sur les faits de harcèlement sexuel reprochés à Pierre-Olivier A. La justification de Jean-François Bohnert reste la même : le ministère lui aurait expliqué que dorénavant, pour faire face aux « tumultes médiatiques », c'est un magistrat qui devra exercer les fonctions de chargé de communication.

Un an plus tard, le ministère publie un appel d'offres pour confier au secteur privé la communication de crise des procureurs, démentant complètement ces explications. À une époque où l'on encourage la prise de parole dans les affaires sexuelles, et alors que le PNF vient de signer une convention avec la Maison des lanceurs d'alerte, une association créée en 2018 pour les protéger et les accompagner, le puissant patron du pôle financier a pourtant choisi d'envoyer un tout autre signal : ne pas faire de vagues…

Le 23 mars 2021, le Conseil supérieur de la magistrature a rendu son avis sur les faits de harcèlement sexuel reprochés à Pierre-Olivier A. et prononcé une sanction de rétrogradation, fait très rare dans la profession, reconnaissant que son comportement caractérise une « incapacité à respecter les limites attendues dans les relations avec les femmes côtoyées sur son lieu de travail ». L'avocat de la greffière harcelée, Me Éric Morain, réagit : « C'est un véritable climat de pressions qui avait cours dans un contexte sexualisé, que l'intéressé peut toujours qualifier de lourd ou de potache, mais qui était ressenti comme une véritable agression permanente par ma cliente mais également par d'autres. » Céline C.-P., elle, a retrouvé en urgence un poste en province, et panse ses plaies et ses désillusions. Les fables sont souvent cruelles.

Terminons avec un dernier petit conte, du même Jean-François Bohnert, toujours sur la boucle WhatsApp :

« Au volant de la 2 CV, un prêtre raccompagne une nonne au couvent. Le prêtre ne peut s'empêcher de regarder ses superbes jambes croisées. Il pose subitement la main droite sur la cuisse de la nonne. Elle le regarde et lui dit : "Mon père, vous souvenez-vous du Psaume 129 ?"

Penaud, le prêtre : "Psaume 129 ?"

Il rougit une fois de plus et retire sa main, balbutiant une excuse. Les voilà arrivés au couvent. La nonne descend de la voiture sans dire un mot. Le prêtre pris de remords pour son geste déplacé se précipite sur la Bible, à la recherche du Psaume 129. Psaume 129 : Allez de l'avant, cherchez toujours plus haut, vous trouverez la gloire. »

La morale de cette histoire, conclut le chef du PNF : « Au travail, une bonne connaissance des procédures est recommandée pour atteindre les objectifs. »

Contacté par nos soins, Jean-François Bohnert réagit en rappelant que ces contes ont été « transférés sur un groupe de discussion WhatsApp interne (…) qui ne constitue en aucun cas un canal de communication officiel ni un vecteur de passage d'instructions de la part du chef de parquet ». Il précise ne pas en être l'auteur, sous-estimant à l'évidence l'importance que sa position hiérarchique confère à ces messages.

27

Scènes de la vie de palais
Comparutions immédiates – 23ᵉ chambre

« Vous êtes le public ? Patientez, l'audience n'est pas commencée.

— Moi je suis convoqué. »

Dans la salle sombre et froide, quatre avocats en robe s'installent d'un côté, près du box où prendront place les prévenus tandis que des greffiers et des responsables d'audience vont et viennent chargés de dossiers et que des gendarmes contrôlent que les téléphones portables sont bien éteints. Sur un banc, le plus loin possible des mis en cause, quelques personnes d'apparence bourgeoise se sont serrées. Sous la tribune du procureur, la place des avocats des parties civiles est encore vide. Une jeune femme en talons aiguilles, aux yeux lourdement maquillés, erre en demandant des informations.

« Vous voulez une avocate ?

— Non j'en ai une normalement mais elle pouvait pas venir, alors je sais pas quoi faire.

— Il y a un avocat de permanence ici.

— J'aurais aimé garder la mienne, comme elle connaît l'histoire. »

Une sonnerie retentit, une juge aux cheveux fous et au col de travers entre, suivie de ses deux assesseurs, les gendarmes crient : « Levez-vous, Messieurs-dames, levez-vous.

— L'audience est ouverte, vous pouvez vous rasseoir », fait la juge en s'installant.

Un jeune colosse entre dans le box avec un masque jaune poussin sur le visage, suivi d'un autre, et d'encore un… Ils sont bientôt sept. La magistrate annonce onze dossiers pour cette première partie d'audience, de nouveaux s'y ajouteront plus tard dans l'après-midi. Elle fait prêter serment à un traducteur de l'arabe, puis elle fait l'appel, vérifie l'identité, la date de naissance et l'adresse des suspects et annonce le chef d'accusation. Le premier prévenu a donné une grande claque sur les fesses d'une jeune fille dans la nuit du réveillon. Le second, en état de récidive légale, c'est-à-dire sous le coup d'un sursis pour une affaire similaire, a attaqué un homme à coups de couteau. Plusieurs ont commis des faits d'outrage et rébellion lors de contrôles dans la nuit du 31 décembre, dont le géant qui domine les autres d'une tête. La présidente lit d'une voix monotone : « Vous avez dit à l'agent de police qui vous contrôlait “Je vais te bouffer la chatte, avec ta tête de chienne tu dois faire des gorges profondes”, et ainsi de suite. Ça ne s'est pas arrangé en garde à vue, quand elle a voulu vous faire passer un éthylotest, vous avez répondu “La seule chose que je vais bouffer c'est toi”. »

Les suivants sont là pour violence en réunion, conduite en état d'ivresse. Ils sortent après l'énoncé de leur cas sur un « Je vous revois tout à l'heure » de la juge, et sont remplacés par d'autres jeunes hommes encore : vol avec violence, vol en réunion, conduite sans permis…

Une jeune femme aux très longs cheveux noirs intervient : « Pardon, Madame la présidente, je suis l'avocate de permanence et je crois que monsieur ne vous comprend pas.

— Bon, l'interprète est toujours là ? Monsieur est soudanais ? Il parle arabe ? Vous allez prêter serment de nouveau.

— Oui, c'est parce que je manie mal le français, Madame, je préfère ne pas me tromper, lâche le prévenu dans une langue parfaite.

— Vous avez l'air tout à fait capable de comprendre ma question. Elle est simple : aviez-vous un couteau ? »

C'est au tour d'un homme de vingt-huit ans aux cheveux très épais, luisants, et au beau regard noir. Il a les cils si longs qu'on en voit l'ombre sur ses joues. Il est là pour outrage et rébellion. Dans le public, deux jeunes filles qui se ressemblent le regardent intensément, l'une est sa sœur, l'autre sa petite amie. Il ne tourne jamais la tête vers elles. Un dernier accusé, convoqué libre pour trafic de stupéfiants, demande un renvoi.

« Je ne vais pas m'étendre sur les difficultés que nous rencontrons aujourd'hui, commence la juge en tripotant son col blanc qui est mal mis, et normalement vous ne devriez pas être renvoyé, mais il y a un véritable problème de charge d'audience, donc… Madame le procureur ?

— Pas d'objection au renvoi. »

On lui fixe une date, lointaine, après un long moment de silence durant lequel le greffier tente de rallumer son ordinateur qui s'est éteint subitement.

« Monsieur Oniţa ? »

Un jeune homme pâle se lève, l'air ahuri.

« Oui ? »

L'huissière intervient : « Madame le président, j'ai M. Baza, et sa victime est là aussi.

— Alors on va le prendre d'abord. »

Le gendarme fait sortir le jeune homme pâle et M. Baza, le crâne rasé et la silhouette imposante, se présente à la barre, accompagné d'une avocate commise d'office. La jeune femme aux yeux très maquillés arrive en tanguant sur ses hauts talons et se place à ses côtés, en gardant toutefois ses distances.

« Vous êtes né en 1988, vous habitez dans le 13e, et vous êtes là pour violences sur conjoint. »

Il a un haut-le-corps, il crie :

« Non !

— Comment ça non ? demande la juge, interloquée.

— C'est pas ma conjointe ! Je comprends pas pourquoi on dit toujours ça, je commence à en avoir marre ! Ça me rend dingue ! Combien de fois faut que je le répète ! »

La juge écarquille les yeux avant de se mettre en colère :

« Ça va bien se passer oui ?! Vous vous calmez immédiatement et vous ne parlez pas sur ce ton ici ! Et vous cessez de me couper la parole. Vous êtes là pour violence sur conjoint, c'est pas à vous de décider comment ça s'appelle ! Je rêve ! »

Elle reprend son souffle.

« Bon, il y a des problèmes d'audiencement, et j'avais envisagé le renvoi. En plus, l'avocat de madame ne peut pas être là. »

La procureure vérifie qu'il n'a pas essayé d'entrer en contact avec sa victime, puis accepte le renvoi. Il part. La femme aux yeux agrandis par le mascara et l'inquiétude attend qu'il se soit éloigné pour sortir à son tour. Le gendarme ramène le jeune homme pâle. Il est roumain, vit en France depuis sept ans, et a commis des violences ayant provoqué trois jours d'incapacité temporaire de travail, avec un couteau de cuisine, sur un ascendant. « Votre mère, en l'espèce ? demande la juge en levant les yeux sur lui.

— Oui.

— Vous souhaitez un délai ou vous voulez être jugé aujourd'hui ?

— Aujourd'hui.

— Je vois dans le dossier qu'une expertise psychiatrique constate une altération des facultés mentales. Madame la procureure, qu'en pensez-vous ?

— Je dirais que le dossier me paraît en état, mais si monsieur souffre d'un problème psychiatrique, il faudrait demander un examen plus détaillé, en effet. Je m'en remets au tribunal. »

L'avocat intervient : « Monsieur ne s'oppose pas à une nouvelle expertise mais si c'est pour rester en prison deux mois de plus, je crois qu'il préférerait être jugé maintenant. Il a une adresse, chez un ami qui pourrait l'héberger, ce qui lui éviterait de se présenter de nouveau au domicile de sa mère, qui est très étriqué. »

La juge décide d'une suspension d'audience de deux minutes, tout le monde se lève. La mère, inquiète, qui a l'air à peine plus âgée que son fils, engoncée dans un manteau gris trop petit, murmure « non, non ».

Pendant la suspension, l'avocate de permanence s'entretient avec un jeune potelé aux cheveux en halo, qui vient d'arriver et attend son tour, au premier rang, affalé sur un banc, l'air profondément ennuyé. Il est là pour une série de vols avec violence, commis en réunion et sous la menace d'une arme. Ce sont ses victimes, sur les bancs à droite, qui le regardent fixement.

Le tribunal revient, tout le monde se lève.

« Vous travaillez, Monsieur Onița ?

— Oui.

— Dans quoi ?

— En CDI.

— Oui, mais dans quel domaine ?

— Électricien. »

La procureure requiert que l'affaire soit renvoyée et qu'il soit placé sous contrôle judiciaire avec interdiction de paraître chez sa mère. Pendant qu'elle parle, des gens entrent et sortent, chuchotent, il y a un brouhaha permanent, un micro resté branché lâche un grésillement irritant.

Lors de l'examen de l'affaire d'un jeune accusé de trafic de drogue, le jeune homme potelé du premier rang intervient à haute voix pour corriger la juge.

« On vous a demandé quelque chose, Monsieur ? l'interroge-t-elle.

— Ben non mais on m'a fait venir à 13 h 30 et ça fait des plombes que j'attends. J'ai pas que ça à faire moi.

— Ah vous n'avez pas que ça à faire, de vous présenter à votre procès pour des vols en réunion, avec violence ? Et moi, vous croyez pas que j'ai autre chose à faire ?

— Faut pas faire venir les gens à 13 h 30 si c'est pour les faire passer à 18 heures !

— Mais vous allez sortir tout de suite attendre votre tour dehors ! » tonne la juge. Une gendarme l'escorte, il sort en tchipant, mécontent.

C'est au tour du géant de plaider son affaire. Il a été contrôlé sans masque devant un restaurant, a tapoté les joues de la policière qui lui demandait ses papiers, puis s'est montré grossier, insultant, a refusé le principe de l'interpellation. Elle lit d'autres extraits de ses propos, toujours platement : « "Allez, je nique ta grand-mère", "Donne-moi ta chatte", "Sale chienne"… Il vous est également reproché des violences sur personne dépositaire de l'autorité.

— Je suis désolé pour les propos. J'étais complètement bourré. Je sais que c'est pas une excuse. Ça faisait un an que j'avais pas bu, parce que ça m'attire toujours des problèmes. Ça me ressemble pas. J'ai une mère, une sœur. Je sais pas ce qui m'a pris. Mais pour les violences, c'est pas vrai. Regardez-moi, avec mon gabarit il suffit que je lève la main pour avoir l'air menaçant. J'ai pas résisté, j'ai été grossier, j'ai été con. J'ai rebu, quoi.

— Il semble que vous ayez exercé une pression sur le poignet de l'agent qui essayait de vous calmer.

— Je crois que j'étais pas assez apte pour exercer quoi que ce soit, Madame la juge. »

Elle évoque sa famille, la mort de son père quand il avait deux ans, les années vécues chez un oncle avant de retrouver sa mère. Il a arrêté l'école en terminale et multiplie, depuis, les petits boulots.

« Le début de votre problématique alcoolique, c'était quand ?

— Vers mes dix-sept ans. »

Un avocat des parties civiles plaide pour les policiers et réclame 400 euros de dédommagement pour chacun. « Ces propos sont abjects, inacceptables. »

L'avocat soulève une anomalie dans le procès-verbal : « La mention de la torsion sur le bras a été ajoutée, à la main, sur le PV et j'en remets en cause la légalité. » La procureure lui donne raison, avant de requérir cinq mois aménagés *ab initio*, dès le départ, sous bracelet électronique, et trente-cinq heures de travail d'intérêt général.

Le suivant a été interpellé par la sécurité des transports, avec un couteau. Sur les images des caméras de surveillance décrites dans le dossier, il semblerait qu'on le voie porter plusieurs coups au visage d'un homme couché sur un banc, dans la salle d'attente d'une gare. La juge détaille les photos qui figurent au dossier, ses deux assesseures, qui découvrent les documents, sont penchées sur elle et hochent la tête de façon éloquente. Elle déplore que la victime, sortie des urgences, ait disparu avant de témoigner. Le mis en cause, un Algérien en situation irrégulière, prétend que c'est l'autre qui a commencé en lui cassant une bouteille sur la tête, c'est d'ailleurs comme ça qu'il se serait blessé, avec un tesson. La juge essaie de comprendre, il lui coupe la parole, elle le rappelle à l'ordre.

« Mais je m'en bats les couilles de cette juge de merde moi, je me casse. Je m'en fous. » Un gendarme le fait sortir du box. Son avocat se passe la main sur les yeux et s'excuse pour lui. La juge continue, évoque sa situation, son enfance dans un village très pauvre, son manque de lien, de famille. L'avocat : « C'est une personne fragile psychologiquement, et je me demande quel est l'intérêt, pour la société, de le remettre en prison. »

C'est au tour du jeune homme aux cheveux épais et aux longs cils. Il consommait du protoxyde d'azote dans une voiture, le soir du réveillon, quand il a été contrôlé. Très rapidement, une vingtaine de jeunes étaient sur place et l'opération de police s'est tendue. Selon le récit des agents, il a résisté à l'arrestation et tordu le bras d'un policier. Lui raconte un contrôle violent, des coups de poing et de pied, même une fois les menottes passées.

« Donc les policiers racontent n'importe quoi, en fait ? »

Il ne répond pas. On entend des soupirs étouffés dans la salle, c'est une des deux jeunes filles qui pleure en le regardant.

« Comment ça s'est passé, selon vous, cette interpellation ?

— J'ai peut-être eu des mots, mais ça vaut mieux que de mettre des coups. Moi je m'en suis pris beaucoup, des coups, ce soir-là.

— Donc vous n'étiez pas calme ?

— Non, j'étais pas calme du tout.

— Vous n'avez pas vu de médecin ?

— Si, même qu'il a noté les marques.

— Son certificat n'en dit rien.

— Même l'avocate que j'ai eue pendant la garde à vue, elle a constaté mes blessures au visage. Elle a dit qu'elle le dirait.

— Je ne vois aucune trace de ça », fait la juge en feuilletant frénétiquement les papiers. Elle a eu quelques heures ce matin pour prendre connaissance des cas du week-end, très nombreux car l'audience du samedi, tombant un jour férié, n'a pas eu lieu. Quant aux affaires intervenues depuis, elle les découvre en direct à l'audience.

L'homme aux longs cils a déjà été condamné de nombreuses fois, il est actuellement en mise à l'épreuve. La procureure ne comprend plus rien : « Mais vous êtes sous bracelet, d'après ce que je lis.

— Non. On me l'a retiré.

— Qui ?

— Le SPIP. En décembre.

— Dans les registres, vous êtes toujours sous écrou, donc ça pose quand même problème. Vous aviez des obligations de travail, de soin, de sevrage, et on vous trouve de nouveau en état d'alcoolémie.

— Non, Madame, ils m'ont contrôlé et j'étais à 0. J'ai consommé du protoxyde, mais pas d'alcool.

— Je ne comprends pas, reprend la procureure, quand êtes-vous sorti de prison ?

— Le 12 août.

— Et depuis vous êtes sous bracelet ?

— Jusqu'à ce qu'ils me l'enlèvent, en décembre. »

Elle secoue la tête, désemparée, puis requiert une peine sévère : « Vous avez vingt-huit ans, et onze condamnations. On vous a proposé toutes les solutions imaginables, sans effet. En 2021, vous êtes passé deux fois devant le juge. Je demande deux mois avec mandat de dépôt, et la révocation des quatre mois de sursis. Quand vous sortirez, il restera encore deux peines aménageables à effectuer. »

Son avocate plaide des violences policières, dénonce une enquête à charge, déplore un PV rédigé par la victime des faits…

La juge se retire pour délibérer, ce qui provoque une nouvelle suspension d'audience, tout le monde doit quitter la salle. Les gens se dégourdissent les jambes, ou se rassemblent autour des avocats. Un vigile surveille que personne n'aille se jeter dans le vide, la salle d'audience est au sixième étage et les clôtures de plexiglas ne sont pas si hautes. Impossible de savoir quelle heure il est, quel temps il fait – la lumière est immuablement jaune, électrique.

L'audience reprend après vingt minutes. La magistrate annonce les verdicts d'une voix brève. « Vous êtes déclaré coupable… coupable… coupable… » Le géant est condamné à cinq mois sous bracelet plus des travaux d'intérêt général. Le jeune homme aux longs cils à huit mois ferme. Un cri retentit, sa petite amie sanglote, sa sœur reste immobile. Les gendarmes les font sortir. « Laissez-moi lui dire au revoir, je vous en prie. » On les pousse doucement vers la porte.

L'affaire du jeune Roumain est renvoyée en attendant une nouvelle expertise. Il va sortir, sous contrôle judiciaire. Sa mère demande comment il fera pour récupérer ses vêtements.

Un greffier arrive, portant une énorme pile de nouveaux dossiers, les comparutions du matin. Pendant ce temps, les gendarmes font entrer les prévenus, le box se remplit, à nouveau, de jeunes hommes. La juge commence à lire : conduite sans permis. Trafic de stupéfiants. Violence sur conjoint. Vols avec violence en réunion.

Un homme à la peau très noire se redresse soudain, sa femme à ses côtés tourne la tête, ils se tendent. Cela fait cinq heures qu'ils attendent, et leur fils vient d'apparaître dans le box. Il a dix-neuf ans. Il est accusé d'avoir, avec la complicité du jeune homme potelé à l'origine de l'incident d'audience un peu plus tôt, et d'un autre qui se tient à ses côtés, agressé, étranglé, donné des coups de poing à des gens qui portaient des Rolex, les hommes et les femmes qui sont assis dans un coin de la salle et qui le dévisagent. Mais lui ne regarde que ses parents, à travers la salle, et eux le regardent aussi, pendant que la juge lit de sa voix fatiguée le résumé des faits. Une des assesseures a fermé les yeux.

Plus tard, des personnes discutent pendant la nouvelle suspension pour délibération.

« Ça va durer tard ce soir, vous croyez ?

— Oh je dirais 23 heures minimum.

— Vous venez souvent ici ?

— Au moins une fois par semaine. C'est un peu comme le théâtre, sauf que c'est gratuit. »

En janvier 2019, Mathieu de la Souchère est un jeune cadre prometteur de la mairie de Paris. Alors qu'il accueille, lors d'une cérémonie protocolaire, le nonce apostolique Luigi Ventura, ambassadeur du pape en France, il est victime d'attouchements répétés de la part de ce dernier.

Avec plusieurs autres jeunes hommes, il ose dénoncer les faits. Ils accomplissent un parcours du combattant : il leur faut convaincre les juges que des hommes aussi peuvent être victimes de violences sexuelles ; obtenir la levée de l'immunité diplomatique d'une éminence de l'Église catholique ; faire sauter les dernières digues empêchant les magistrats de juger un religieux haut placé qui nie tout comportement délictuel. Mathieu prend la parole publiquement dans la presse et tente de rallier le plus grand nombre à leur cause. Une lettre est adressée à Emmanuel Macron.

À l'automne 2019, alors que l'affaire est en cours, la carrière de Mathieu prend un tour inattendu mais heureux : on lui propose un poste prestigieux au service du protocole de l'Élysée, où il sera chargé d'accompagner le président dans ses déplacements à l'étranger. Il débute en participant à l'organisation d'une réception prévue pour le mardi 12 novembre à midi. Dans le cadre du Forum pour la paix, des chefs d'État africains sont invités au Château. Les hommes sont reçus dans un salon privé, tandis que les femmes se rassemblent autour de la première dame, dans la salle des fêtes. Avant le déjeuner, Mathieu est présenté à Brigitte Macron, qui tique immédiatement en entendant son nom. Le surlendemain, alors que la réception s'est déroulée à merveille, Mathieu est convoqué par sa hiérarchie et « invité » – c'est en réalité une injonction – à quitter l'Élysée séance tenante.

Cette violente rupture survient quarante-huit heures à peine après l'arrivée en poste de Mathieu, réputé très bon professionnel. L'Élysée avance, comme prétexte officieux, le fait que l'habilitation secret défense, nécessaire pour accompagner le président à l'étranger, ne lui sera pas accordée à cause des remontées des services de renseignement sur ses antécédents judiciaires – il n'en a d'autres que d'avoir porté plainte contre une personnalité ecclésiastique. Mais au plus haut niveau de l'État, on préfère les serviteurs moins susceptibles de faire des vagues.

Ne souhaitant pas prendre l'initiative de la rupture, l'Élysée voudrait l'obliger à démissionner. Mathieu, stupéfait, refuse obstinément. Il est alors mis en vacances pour une semaine – rappelons qu'il vient d'être engagé. Il sera ensuite cantonné à son bureau et privé de la moindre tâche, jusqu'à ce qu'il accepte de signer sa lettre de départ.

Le jeune homme si prometteur se retrouve au RSA. Interrogés, les services de la présidence répondent que le départ de Mathieu « n'est pas lié à la plainte » qu'il avait déposée contre le nonce, et font savoir qu'il a été accompagné pour trouver un autre emploi. L'Élysée se refuse cependant à préciser les motifs de cette rupture précoce, ceux-ci étant « confidentiels ».

Luigi Ventura a été condamné, le 16 décembre 2020, à huit mois de prison avec sursis pour des agressions sexuelles commises contre cinq hommes en 2018 et 2019. Il n'a pas fait appel. La sanction est définitive. Mathieu, lui, a retrouvé du travail dans le privé.

Les victimes dérangent, malgré les discours publics et les déclarations d'intention de nos dirigeants, et leur parcours reste semé d'embûches : elles doivent être suffisamment solides pour assumer le dépôt d'une plainte, l'exposition de leur intimité et les aléas d'une enquête, souvent longue, fastidieuse et émotionnellement coûteuse. Lorsque les faits sont jugés – quand ils le sont –, il arrive que les victimes soient encore renvoyées avec brutalité à leur statut. Le prix de la justice est parfois exorbitant.

Cet ouvrage a été imprimé
par CPI Brodard & Taupin
pour le compte des éditions Grasset
à La Flèche (Sarthe)
en février 2022

Mise en pages PCA, 44400 Rezé

N° d'édition : 22376 – N° d'impression : 3047049
Dépôt légal : mars 2022
Imprimé en France